GUIDE PRATIQUE

DES

ASSURANCES

SUR LA VIE

Par J. B***, Inspecteur d'Assurance

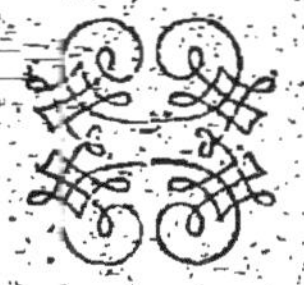

ANGERS,

Typographie et Lithographie J. Lemesle & Méhouas.

——

1866

GUIDE PRATIQUE

DES

ASSURANCES

SUR LA VIE

Par J. B***, Inspecteur d'Assurance

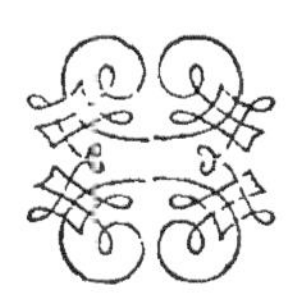

ANGERS

Typographie et Lithographie J. Lemesle & Mehouas.

—

1866

PRÉFACE DE L'ÉDITEUR

Parmi les auteurs éminents qui jusqu'à ce jour ont traité des Assurances sur la vie, aucun ne l'a fait au point de vue pratique.

C'est cette lacune que l'auteur a cherché à combler en livrant à la publicité ce *Guide pratique des Assurances sur la Vie.*

Nous avons donc la conviction qu'à ce titre cette publication sera favorablement accueillie par les Compagnies, qui y trouveront le moyen d'initier le public dans le mécanisme, encore si peu connu, de leurs opérations multiples, par MM. les agents, pour lesquels il sera un auxiliaire puissant dans la réalisation de nombreuses adhésions et par le public, qui y trouvera de bons conseils pour l'emploi le plus avantageux de ses capitaux ou de ses épargnes, en raison de ses ressources présentes et en prévision des besoins de l'avenir.

GUIDE PRATIQUE

DES

ASSURANCES SUR LA VIE

EXPOSÉ

Les Assurances se divisent en deux classes :

La première, que nous mentionnons ici pour simple mémoire, comprend les assurances *Maritimes* et *Terrestres*, à l'aide desquelles l'homme prudent peut se mettre à l'abri des coups imprévus capables d'anéantir en un instant sa fortune, au moment même où il la croit le mieux assise.

Les innombrables sinistres qu'elles ont réparés jusqu'à ce jour ne laissent aucun doute à cet égard.

La seconde classe, la seule dont nous ayons à nous occuper dans cet opuscule, comprend les assurances sur la *Vie*, non moins utiles à l'humanité, puisqu'elles tendent à créer l'avenir, à le sauvegarder et à l'augmenter tout à la fois.

Ces institutions, qui demandent à être expliquées par l'esprit et le cœur, ont pris naissance en Angleterre dès l'année 1696 : elles y ont fait, depuis cette époque, des progrès tellement rapides que les capitaux qui s'y trouvent engagés dépassent aujourd'hui le chiffre de plusieurs *milliards,* dont la majeure partie dans les assurances *payables en cas de mort.*

Si ces institutions, qui ont déjà pris sur le continent européen une extension assez considérable, n'ont pas encore atteint tout le développement dont elles sont susceptibles, c'est que les incalculables ressources qu'elles offrent à la prévoyance n'ont pas encore suffisamment éveillé l'attention du public.

Aussi est-ce dans le double but de faire connaître leur mécanisme, de populariser les avantages qu'elles procurent, d'éclairer le choix des personnes entre leurs combinaisons multiples, que nous les appuyons par de nombreux exemples, de nature à prouver jusqu'à l'évidence combien ces opérations peuvent être fécondes en résultats heureux.

L'initiative de ces sages institutions, qui sont mieux comprises de jour en jour, quelques Compagnies l'ont prise en France depuis 1819.

Est-il, en effet, une institution plus sage et plus avantageuse en même temps que celle qui, conduisant l'homme jusqu'aux extrêmes limites de la vie, lui procure à la fois les ressources nécessaires à son existence, et lui permet d'être, au delà de la tombe, une seconde providence pour ceux qu'il a le plus chéris sur la terre?

On objecte souvent que, sans recourir aux assurances, des économies successives et un travail assidu conduisent au même but. Mais combien alors faudra-t-il d'années pour opérer ces économies? Combien faudra-t-il s'imposer de privations pour réaliser un capital de quelque importance, capital qu'une Compagnie, moyennant une faible prime annuelle, garantirait à la famille d'un assuré, dès le moment où la première prime aurait été acquittée?

Ainsi, un homme de trente de ans prévoit qu'il pourra économiser 249 francs chaque année; il signe un contrat avec une Compagnie qui s'oblige à payer une somme de 10,000 francs à ses héritiers, à quelque époque que son décès ait lieu.

Il meurt dans le cours de l'année, et la Compagnie paye 10,000 francs à sa famille ou à son ordre.

S'il avait simplement déposé ses 249 francs dans une caisse quelconque, sa famille les retrouverait, mais rien de plus.

Personne n'est à l'abri de ces éventualités,

non probables, si on veut, mais toujours possibles.

L'épargne isolée ne peut rien ou peu de chose : les Compagnies seules peuvent, par la centralisation de l'épargne collective, procurer à l'homme opulent les moyens d'établir ses enfants sans démembrer sa propriété ; à l'homme aisé, ceux d'augmenter la dot des siens ; à la classe intermédiaire, ceux d'assurer son avenir et celui de sa famille ; à l'industriel et au commerçant, de se mettre à l'abri des chances désastreuses du commerce. Elles garantissent des ressources certaines pour leurs vieux jours, aux ecclésiastiques, aux fonctionnaires publics, à l'avocat, au médecin, à l'artiste, aux hommes de lettres, aux officiers ministériels, aux militaires, à toutes les personnes enfin qui, après une vie de dévouement et de labeurs, sont, avec raison, inquiètes de leur avenir.

Les opérations d'assurances sur la vie se divisent en deux catégories principales, subdivisées elles-mêmes chacune en diverses combinaisons.

La première catégorie comprend les assurances *payables en cas de mort ;*

La seconde comprend les assurances *payables en cas de vie.*

PREMIÈRE PARTIE

Assurances payables en cas de mort.

Les assurances *payables en cas de mort* ont pour but de fournir au père de famille le moyen de laisser un héritage à ses enfants, une pension à sa veuve. Ces assurances sont, de toutes, les plus nobles et les plus désintéressées; car ceux qui les contractent font abnégation complète de leur individualité, puisqu'ils ne les souscrivent que dans l'intention d'assurer, après leur décès, le sort des objets de leurs plus chères affections.

Elles conviennent à tous ceux qui pourraient avoir de généreux désirs à satisfaire, un ami à obliger, un bienfait à reconnaître, des services à récompenser, voire même des devoirs et des engagements à remplir.

Les Compagnies s'engagent à payer, lors du décès de l'assuré, des capitaux, des rentes ou pensions à ses héritiers, légataires, créanciers ou toutes autres personnes désignées par lui. Elles garantissent également les capitaux engagés dans quelque Compagnie d'assurances sur la vie que ce soit; tant ceux payables en cas de vie que ceux qui ont été versés dans les Sociétés tontinières françaises, capitaux qui n'appartenant, dans ce dernier cas, qu'aux seuls assurés survivants à l'expiration du terme de leur contrat, seraient incontestablement perdus pour les familles de ceux qui décéderaient avant cette époque.

L'assurance *payable en cas de mort*, qui ne produit son effet que lors du décès de l'assuré, peut s'effectuer de quatre manières :

1o *Pour toute la durée de l'existence*, sous la dénomination d'*assurance pour la vie entière;*

2o *Pour un temps limité*, sous le nom d'*assurance temporaire;*

3o *Sur deux têtes*, le capital payable après la mort de l'un des deux individus;

4o *Assurance de survie*, qui peut avoir lieu au profit d'une personne désignée à l'avance, mais pour le cas seulement où cette personne survivrait à l'assuré.

. Les divers exemples dont nous allons appuyer chacune de ces combinaisons aideront à les rendre parfaitement intelligibles.

CHAPITRE PREMIER

Assurance pour la vie entière.

L'assurance *pour la vie entière* est un contrat par lequel une Compagnie s'engage à payer un capital déterminé aux héritiers ou ayant droit d'un assuré, aussitôt après son décès, à quelque époque qu'il ait lieu. Pour prix de ce contrat, l'assuré doit, pendant la durée de son existence, payer à la Compagnie, une prime annuelle, croissante ou décroissante, avec facilité d'effectuer ce payement par *trimestre* ou par *semestre;* mais cette prime est toujours fixée à l'avance, en raison de son âge et de l'importance de la somme qu'il désire laisser après lui.

Au jour du décès, la Compagnie rend à ceux que la loi ou la volonté de l'assuré lui a substitués une somme de beaucoup supérieure à l'ensemble des primes acquittées.

On objecte parfois que, dans le cas d'une longévité plus qu'ordinaire, le souscripteur aura payé en primes annuelles une somme supérieure au capital que ses héritiers doivent recevoir à son décès.

Il faut être bien étranger au mécanisme des assurances pour faire une semblable objection.

En effet, les Compagnies abandonnent à leurs

assurés, dans cette combinaison comme dans beaucoup d'autres, la moitié de leurs propres bénéfices, et l'expérience de quarante ans permet d'évaluer, en moyenne, à un minimum de 4 o/o des sommes versées comme primes, l'intérêt résultant pour les assurés de cette concession.

Le payement de chaque prime est donc en réalité un véritable placement, et, quelle que soit la longévité d'un assuré, il n'aura jamais payé plus que ses héritiers doivent recevoir. Au contraire, s'il vit très-âgé, il recevra, pour ses versements antérieurs, en sus de la prime qui se trouve compensée par les bénéfices, une rente qui ira en augmentant d'année en année jusqu'au jour de sa mort.

§ 1

Parmi les nombreuses professions auxquelles les assurances *payables en cas de mort* sont indispensables se trouvent les fonctionnaires publics, tels que : notaires, avoués, huissiers, greffiers de tribunaux et de justices de paix ; la mort prématurée de chacun d'eux pouvant avoir pour leur famille des conséquences d'autant plus fâcheuses, qu'elle entraîne toujours une dépréciation importante sur la valeur de leurs offices.

1ᵉʳ EXEMPLE

M. A***, notaire à N***, était âgé de quarante ans ; il désirait mettre sa famille à l'abri des conséquences désastreuses qu'aurait pour elle sa mort prématurée.

Il s'adressa à une Compagnie qui, moyennant une prime annuelle de 1,640 francs, lui garantit une somme de 50,000 francs, payable à sa veuve ou à ses enfants aussitôt après sa mort, quelle qu'en puisse être l'époque.

La même combinaison convient également à tout homme exerçant une profession libérale, telle que celle d'avocat, médecin, littérateur, journaliste, etc.; car c'est sur le produit incertain de cette profession que repose le plus souvent tout l'avenir de sa famille.

2me EXEMPLE

M. B***, avocat du barreau de L***, âgé de trente-cinq ans, désirait s'affranchir des craintes incessantes d'une mort prématurée qui l'exposait à laisser sans ressources sa veuve et ses enfants; il a passé avec une Compagnie un contrat d'assurance, pour qu'elle ait à leur payer, le cas échéant, une somme de 25.000 francs; s'engageant de son côté au payement, sa vie durant, d'une prime annuelle de 710 francs. Maintenant il peut dormir tranquille; car, qu'il décède dans dix ans après avoir versé 7.100 francs, qu'il meure dans cinq ans n'ayant versé que 3.550 francs, la Compagnie comptera aux héritiers de M. B*** les 25,000 francs garantis. Fût-il mort le lendemain de la signature du contrat, les droits des héritiers étaient acquis.

§ 2

Un père ayant une fille à marier n'a-t-il pas à redouter qu'en l'accordant à un négociant ou à un industriel sa dot ne soit jetée dans les hasards d'entreprises qui engloutissent si fréquemment la fortune des épouses, causent en même temps la mort du mari, et laissent ainsi sans ressources la veuve et les enfants?

3me EXEMPLE

M. C···, négociant à B···, a épousé Mlle D···, lui apportant une dot de 70,000 francs, qui fut immédiatement employée dans ses affaires.

M. D··· père pouvait craindre que des chances défavorables aux travaux de son gendre n'engloutissent du même coup la fortune personnelle de ce dernier et la dot de sa fille; et que si, par suite de ses chagrins, M. C*** venait à décéder, sa veuve ne se trouvât plongée dans la misère.

Pour s'affranchir de cette pénible crainte, il a suffi à M. D*** de souscrire sur la tête de son gendre, âgé de vingt-cinq ans, un contrat d'assurance payable en cas de mort, par lequel une Compagnie s'est engagée, moyennant une prime annuelle de 1,547 francs, à garantir les 70,000 francs montant de la dot de sa fille.

Cette prévoyance ne recevrait-elle pas sa récompense si, à la suite de quelques faillites importantes, son gendre venait à mourir, laissant à sa femme une liquidation onéreuse et des enfants en bas âge? Les 70.000 francs que lui remboursera la Compagnie immédiatement après le décès de son mari mettraient Mme C··· dans la position d'attendre sans gêne le terme de la liquidation.

§ 3

Beaucoup de personnes pieuses, désirant faire des legs en faveur d'établissements religieux ou d'institutions de bienfaisance, déposent dans leur testament leurs volontés dernières, et meurent avec la conviction qu'elles seront scrupuleusement remplies.

Deux obstacles cependant peuvent s'opposer à leur accomplissement.

Le premier est le refus de l'autorisation du Gouvernement, sans laquelle l'acceptation du legs ne peut avoir lieu.

Le second est la demande souvent formée par les héritiers en annulation du testament, ou au moins en réduction notable du legs; demande presque toujours accueillie lorsque les héritiers sont peu fortunés.

Un prélèvement insensible fait par le donateur sur ses propres économies, et versé chaque année à une Compagnie, suffirait à l'aplanissement de ces difficultés et à l'accomplissement de ses dernières volontés; sans que, pour cela, il dût s'imposer de trop dures privations pendant son existence, ni léguer à ses successibles des charges qu'ils se trouveront toujours fort peu disposés à supporter. Ce sera donc sur des épargnes, et non sur ce qu'il laissera à ses héritiers, qu'il prélèvera le denier de bienfaisance.

4me EXEMPLE

Mme la marquise de F***, rentière à B***, âgée de quarante ans, désirait qu'une somme de 100,000 francs fût employée, lors de son décès, en faveur des trois établissements désignés ci-après, savoir:

50,000 fr. à la communauté religieuse de B***;
30,000 fr. au bureau de bienfaisance de C***;
20,000 fr. à l'église de la commune de D***.

Pour atteindre le but proposé et acquérir la certitude que ses intentions recevront leur entière exécution, Mme de F*** a tout simplement souscrit un contrat d'assurance pour chacune des sommes désignées ci-dessus; contrat qu'il lui suffira d'endosser à l'ordre des légataires pour qu'au jour de son décès la Compagnie, sur la présentation du titre, paye à chacun de ces établissements la somme qui lui est destinée.

Une telle opération se résout par le payement annuel des primes suivantes :

    1º pour les 50,000 fr........   1,640
    2º pour les 30,000 fr........   984
    3º pour les 20,000 fr........   656

    Total de la prime.......   3,280

§ 4

Une restitution à faire est toujours chose difficile et surtout fort délicate.

Parmi les personnes qui se trouvent illégalement détenteurs de propriétés ou de sommes plus ou moins importantes, il en est certainement qui seraient toutes disposées à en opérer la restitution à ceux ou aux ayant droit de ceux à qui elles appartiennent. Mais, trop souvent retenues par la crainte de perdre la considération dont elles jouissent dans le monde, elles reculent l'accomplissement de cette juste réparation jusqu'au moment suprême où la mort vient les atteindre.

Il leur serait cependant bien facile, en recourant à l'assurance des capitaux *payables en cas de mort*, d'apaiser les remords de leur conscience, ce juge inexorable.

Nous pourrions citer plusieurs cas dans lesquels, pendant le long exercice de nos fonctions, nous avons été appelé à en faire l'application; néanmoins nous nous bornerons à l'exemple suivant.

3me EXEMPLE

M. V***, issu d'une famille honorable, mais peu fortunée, est aujourd'hui un industriel fort distingué et riche.

Il n'avait que vingt-deux ans lorsqu'il fit la connaissance de Mlle C***, orpheline parfaitement élevée, avec laquelle il vécut maritalement pendant quelques années. De leur liaison naquit une fille dont la naissance devait coûter la vie à sa mère. Quelques mois plus tard, sentant le moment suprême approcher, Mlle C***, justement alarmée par la pensée de l'abandon dans lequel elle allait laisser son enfant, fit appeler près de son lit de douleurs M. V***, à qui elle fit l'aveu qu'elle possédait un capital de 20.000 francs déposé chez un banquier, seule fortune qu'elle pouvait laisser à sa fille. et dont elle confiait la gestion à sa probité pour assurer l'avenir de leur enfant.

Ces **20.000** francs, jetés par lui dans l'industrie quelques années plus tard. ont prospéré et sont l'origine de la fortune dont il jouit aujourd'hui.

Tout en lui rendant la justice de dire qu'il n'a jamais abandonné sa fille. mariée aujourd'hui, nous devons cependant avouer qu'il ne lui a pas restitué le capital que lui avait confié la mère.

La non-restitution de cette dette sacrée faisait son désespoir : car, marié et père de plusieurs enfants, il n'ignore pas que la loi s'oppose formellement à ce que l'enfant naturel arrive au partage de sa fortune. Quelque belle qu'elle soit du reste, il ne lui est pas possible d'en distraire une portion aussi considérable; car ce n'est plus

20,000 francs seulement qu'il croit devoir restituer à sa fille, mais une somme bien plus importante, puisque près de trente années se sont écoulées depuis qu'il a reçu ce dépôt; et cependant il ne voudrait pas mourir la conscience chargée d'un aussi lourd fardeau.

Telle fut la confidence qu'il nous fit.

M. V··· avait alors quarante-neuf ans; le capital qu'il pensait devoir restituer s'élevait à 50,000 fr. environ. En conséquence, nous lui fîmes souscrire un contrat dont la prime annuelle, stipulée payable pendant vingt ans seulement, s'élève à 2.540 francs, qu'il peut facilement prendre sur ses économies.

M. V***, possesseur de son contrat, peut, par endossement, le transférer à l'ordre de qui il voudra, et la Compagnie en payera la valeur à qui de droit au jour de son décès.

Aujourd'hui M. V*** jouit de la quiétude d'esprit que donne la conscience d'un devoir accompli, bonheur dont il était privé depuis longtemps.

§ 5

Un homme sans fortune épouse une jeune personne lui apportant pour dot une rente viagère ou un usufruit qui peut suffire à leurs besoins tant qu'ils seront seuls; mais s'il survient des enfants, au décès de leur mère ils se trouveront privés de cette ressource. En homme prévoyant, le père pense qu'un capital qu'il pourrait utiliser immédiatement dans ses affaires le mettrait beaucoup plus à même d'assurer l'avenir de ses enfants; mais la réalisation de ce projet est d'autant plus difficile que, pour se procurer le capital désiré, il est indispensable d'aliéner cette rente ou cet usufruit, et que peu d'acquéreurs sont disposés à courir les chances éventuelles d'une mort prématurée qui entraînerait pour eux la perte totale de leur acquisition.

Deux moyens sont à sa disposition pour lever un obstacle qui n'est sérieux qu'en apparence.

Il peut s'adresser, soit à une Compagnie qui traitera cette rente ou usufruit à un taux avantageux pour lui, soit à un autre acquéreur quelconque qui pourra, par l'intermédiaire de cette même Compagnie, se mettre complétement à l'abri de la perte que lui ferait subir le décès du titulaire primitif.

6me EXEMPLE.

M. et Mme F*** avaient une rente viagère de 1,500 francs qui reposait sur la tête de la femme.

M. F*** pensait que, s'il pouvait aliéner cette rente, le capital qu'il en retirerait lui permettrait d'augmenter ses affaires dans l'intérêt des enfants qu'il pourrait avoir.

La rente fut vendue pour 20,000 francs à M. G***, à la condition qu'un contrat d'assurance serait souscrit à une Compagnie pour lui garantir le retour de ses 20.000 francs à quelque époque qu'eût lieu le décès de Mme F***.

Mme F*** avait alors vingt-six ans, la prime à payer fut fixée, d'après le tarif, à 452 francs que paye annuellement M. G***.

De cette façon, M. G***, acheteur de la rente, touche environ 5 1/2 pour 100 de ses 20,000 fr., prix d'acquisition, et si Mme F*** venait à mourir prématurément, M. G*** rentrerait immédiatement dans son capital et n'aurait couru aucune chance de perte.

7me EXEMPLE

Vers la même époque. M. M*** avait épousé une jeune fille de dix-huit ans qui avait dans sa dot une rente viagère. également de 1,500 francs. Il était déjà père de deux enfants, lorsqu'il songea que cette rente s'éteindrait par la mort de sa femme et que lui et ses enfants en seraient privés. Il aurait bien pu vendre la rente, mais il préféra en distraire une partie pour assurer à lui-même ou à ses enfants un capital représentatif de cette rente si sa femme venait à mourir.

Sa femme avait alors vingt et un ans ; il a fait faire une assurance sur la tête de cette dernière. il paye une prime de **603** francs, et la Compagnie payera à sa famille une somme de **30,000** francs lorsque sa femme viendra à mourir.

§ 6.

Bien des personnes en possession de propriétés qui leur rapportent un assez faible revenu seraient disposées à les aliéner pour se procurer une existence plus douce, si elles n'étaient arrêtées par la répugnance qu'elles éprouvent à déshériter les objets de leurs affections.

Un exemple choisi entre beaucoup d'autres démontrera que rien ne serait plus facile que de concilier le respect d'un scrupule si légitime avec le moyen d'obtenir une position meilleure.

El'es peuvent, en s'adressant à une Compagnie, sauvegarder également leur intérêt présent et l'intérêt à venir de leurs héritiers.

8me EXEMPLE

M. H*** habitait, avec un neveu tendrement

aimé, une propriété d'une valeur de 50,000 francs environ, ne lui donnant qu'un revenu annuel de 1,500 francs.

Il avait eu souvent le désir de vendre cette propriété et d'en placer le capital à fonds perdus dans une Compagnie d'assurances; mais retenu par sa vive affection pour son neveu, qu'il déshériterait par une semblable opération, il en différa journellement l'exécution. Aujourd'hui, parvenu à l'âge de cinquante ans, il est entièrement décidé à vendre sa propriété, et à placer les 50,000 francs qu'il en retirera dans une Compagnie qui, lui servant l'intérêt annuel payable par semestre, élèvera son revenu à environ 4,000 francs.

Il n'était plus arrêté par la crainte de frustrer son neveu; car, le jour où il plaçait son capital à la Compagnie, il constituait sur sa tête, au profit de ce dernier, une assurance pour laquelle il paye une prime annuelle de 1,398 francs.

Cette double opération a eu pour résultat de faire jouir M. R***, pendant son existence, d'un revenu annuel de 2,500 francs environ, au lieu de 1,500, et de lui permettre de laisser, en mourant, à son neveu, un capital de 30,000 francs que lui payera la Compagnie.

§ 7

N'arrive-t-il pas souvent qu'un commerce, une industrie ou une profession libérale, sont arrêtés au moment de leur plus grande prospérité par l'exercice d'une reprise dotale, dont le remboursement a dû s'opérer inopinément? Les assurances en cas de mort peuvent obvier complétement à cette éventualité.

9me EXEMPLE

M. J***, négociant, épousa il y a une douzaine d'années Mlle B***, dont la dot, s'élevant à 40,000 francs, fut utilisée dans son commerce.

Sans enfants encore aujourd'hui, M. J***, craignant avec raison que, si sa femme venait à mourir sans postérité, ses parents ne lui réclamassent la dot qu'il en avait reçue, et que ce retrait instantané ne fût de nature, sinon à causer sa ruine, du moins à compromettre gravement sa position, M. J***, disons-nous, a eu la sagesse de se précautionner contre une telle réclamation, en faisant assurer par une Compagnie, sur la tête de son épouse, si elle décédait avant lui, le remboursement d'une somme équivalente à la dot qu'il a reçue.

Mme J***, ayant aujourd'hui trente ans, la Compagnie s'est engagée, moyennant une prime annuelle de 996 francs, à rembourser aux parents de sa femme ou à son ordre, aussitôt après son décès, les 40,000 francs assurés.

§ 8

L'assurance pour la vie entière, qui convient à toutes les classes de la société, peut être avantageusement utilisée par ceux dont les économies les plus minimes ne se réalisent qu'à l'aide des plus pénibles privations; nous voulons parler des ouvriers de fabriques, des journaliers, des employés, des fonctionnaires, etc., seuls appuis d'une famille nombreuse à laquelle une mort prématurée peut les enlever. Nous serions heureux de pouvoir les convaincre qu'une simple économie de

6 à 7 francs par mois, prélevée sur les 15 ou 20 fr.
que beaucoup d'entre eux gagnent chaque semaine, et versée à une Compagnie, suffirait, l'assuré
étant âgé de vingt-cinq à trente ans, pour qu'elle
payât à sa famille, au jour de son décès, un capital
de 3,000 francs; véritable fortune pour elle.

CHAPITRE II

Assurances temporaires

L'assurance temporaire est un contrat par lequel une Compagnie s'engage à payer, au décès de l'assuré, une somme stipulée, si ce décès a lieu dans une période déterminée; soit cinq, dix, quinze ou vingt ans, ou tout autre nombre d'années quelconque.

Si cette assurance est faite pour dix ans, par exemple, et que l'assuré vive après l'expiration de la dixième année, la Compagnie se trouve libérée de tout engagement envers l'assuré, et les primes versées lui demeurent acquises en compensation des risques qu'elle a courus.

Cette assurance est bien moins coûteuse que celle pour la vie entière. Divers exemples indiqueront les nombreuses transactions qu'elle peut faciliter.

§ 1

N'arrive-t-il pas journellement que des suspensions de payements, des faillites même, n'ont lieu que par des causes tout à fait fortuites, qu'il n'a pas été donné à d'honorables négociants de prévoir ni d'empêcher, malgré toute la prudence et les soins apportés par eux dans leurs opérations commerciales?

Que de débiteurs fussent parvenus à obtenir des sursis, s'ils eussent été à même d'offrir des garanties à leurs créanciers!

Ces garanties, les Compagnies peuvent aider à les fournir.

1er EXEMPLE

M. L***, négociant, demeurant à G***, se trouvant dans l'impossibilté de payer à ses divers créanciers une somme de 60,000 francs, fut forcé de suspendre ses affaires.

Dans cette pénible position, M. L*** convoqua ses créanciers et leur fit l'offre de se libérer, moyennant:

1o Un à-compte immédiat de 25 p. 100 soit 15,000 francs.

2o Un contrat d'obligation portant intérêt à 5 p. 100 l'an, au capital de 45,000 francs qu'il acquittera en deux termes de cinq et de dix ans. Mais, comme il pouvait mourir avant le remboursement intégral de sa dette, il offrit, en outre, de faire souscrire sur sa tête, à leur profit, deux assurances de 22,500 francs chacune, dont la prime annuelle serait acquitée au moyen d'une rente viagère de 2,000 francs, qu'il affecta à cet effet.

Une telle transaction fut acceptée avec empressement par l'unanimité des créanciers.

M. L*** n'ayant à cette époque que vingt-huit ans, la Compagnie offrit aux créanciers sa garantie, moyennant:

1o Une prime annuelle de 346 francs 50 cent. pendant le terme de cinq années pour l'assurance des 22,500 francs;

2⁰ Une prime annuelle de 362 francs 25 cent. pendant dix ans pour l'assurance des autres 22,500 francs.

Au moyen de cette double opération, la Compagnie aurait à payer : soit la somme de 45,000 fr. si le décès de M. L'** avait lieu avant l'expiration de la première période quinquennale ; soit celle de 22,500 francs s'il avait lieu avant l'expiration de la seconde.

2me EXEMPLE

M. M***, homme intelligent et laborieux, âgé de trente ans, exerçait une industrie lucrative au moyen de laquelle dix années devaient suffire pour assurer son bien-être et celui de sa famille. Mais il avait à redouter de perdre le fruit de ses labeurs et de laisser sa femme et ses enfants dans le gêne, dans la misère peut-être, si la mort l'enlevait avant la réalisation de ses espérances.

M. M***, avons-nous dit, était âgé de trente ans ; il lui a suffi de payer une prime annuelle de 336 francs pour qu'une Compagnie s'engageât à verser une somme de 20,000 francs à sa famille, s'il mourait avant l'expiration des dix années.

De deux choses l'une, ou M. M*** vivra et la réussite complète de ses travaux justifiera les espérances qu'il a conçues ; ou il mourra, et, dans ce cas, sa veuve et ses enfants recevront de la Compagnie les 20,000 francs que sa prévoyance leur aura assurés.

§ 2

Faute de capitaux l'industrie languit ; c'est tellement vrai, que maints industriels ont échoué dans des entreprises qui les eussent infailliblement conduits à la fortune s'ils avaient pu se procurer les fonds dont ils avaient besoin pour achever leur œuvre.

3me EXEMPLE

M. N***, industriel fort distingué, poursuit depuis quelques années déjà l'exécution de travaux importants qui devraient l'amener d'un seul coup à l'apogée de la fortune; mais, pour y arriver, un capital de 100,000 francs lui était indispensable, et le trouver sans garantie était chose impossible.

Il s'est adressé à M. B***, capitaliste, à même d'apprécier sa moralité et ses connaissances spéciales dans sa partie. Celui-ci a consenti à les lui avancer, pourvu que M. N*** fit en même temps, sur sa tête, une assurance temporaire de dix ans pour lui garantir, à lui prêteur, le remboursement de ses 100,000 francs, si l'emprunteur venait à mourir avant d'avoir conduit son entreprise à terme.

M. N*** étant âgé de vingt-cinq ans, une Compagnie s'est engagée, moyennant le payement d'une prime annuelle de 1,520 francs, à rembourser audit capitaliste les 100,000 francs prêtés à M. N***, si ce dernier venait à décéder avant l'expiration de la dixième année, terme pour la durée duquel le prêt a été fait.

Tranquillisé, M. N*** peut désormais consacrer son temps et ses efforts au succès de son entreprise.

§ 3

L'assurance temporaire peut, dans bien des circonstances, être constituée avec décroissance annuelle des primes, dans le cas, par exemple, où un débiteur de bonne foi consentirait à éteindre par fractions *trimestrielles, semestrielles ou annuelles*, une dette qu'il aurait contractée pour un laps de temps déterminé de cinq ou dix ans.

On rencontre souvent des personnes qui, jouissant de rentes viagères ou d'usufruits assez importants pour leur permettre de vivre dans l'aisance, se trouvent cependant obligées de recourir à un emprunt pour mettre quelque projet à exécution.

Ces sortes de transactions sont d'autant plus difficiles à réaliser qu'elles n'ont ordinairement lieu qu'à un intérêt usuraire; car les personnes qui prêtent à un intérêt légal reculeront toutes devant la crainte de perdre, par le seul fait de la mort de l'emprunteur, l'unique gage qu'il ait à leur offrir.

Le moyen d'arriver à la solution favorable de ces difficultés serait de donner au bailleur de fonds, sur le revenu annuel, une délégation notariée qui lui garantirait non-seulement les intérêts et le remboursement des sommes prêtées, mais encore le payement des primes annuelles de l'assurance contractée avec une Compagnie, pour qu'elle se chargeât de rendre au prêteur les sommes qui pourraient lui rester dues au jour du décès de son débiteur.

4me EXEMPLE

M. O***, officier supérieur en retraite, reçoit du Gouvernement diverses pensions, s'élevant ensemble à 8,000 francs. Ayant besoin, pour cinq années, d'une somme de 15,000 francs, il s'adressa à un capitaliste qui consentit à les prêter, à la condition qu'il contracterait une assurance à son profit et lui ferait, sur ses pensions, la délégation d'un capital suffisant pour garantir le remboursement des sommes partielles, ainsi que le payement des primes annuelles de son assurance.

M. O*** a cinquante ans; la somme prêtée s'élève à 15,000 francs, dont la rentrée doit s'opérer par payements annuels de 3,000 francs chacun : la prime annuelle à payer à la Compagnie a été établie en décroissant de la manière suivante :

1re annuité, pour	15,000 fr.		423 fr.	»
2e —	—	12,000 fr.	338	40
3e —	—	9,000 fr.	253	80
4e —	—	6,000 fr.	169	20
5e —	—	3,000 fr.	84	60
Ensemble des primes pour cinq années.............			1,269 fr.	»

§ 4

L'assurance temporaire peut être avantageusement appliquée au dégrèvement d'un emprunt hypothécaire afin de dissiper complétement, chez l'emprunteur, la crainte que sa mort prématurée laisse sa veuve et ses enfants sous le coup d'une expropriation.

5me EXEMPLE

Un propriétaire, âgé de quarante ans, dans le but d'améliorer sa propriété, avait contracté, pour une période de dix années, un emprunt de 20,000 fr., à la garantie desquels il avait affecté cette même propriété. Il lui a suffi d'ajouter aux 1,000 francs d'intérêts annuels qu'il paye à son créancier une somme de 424 francs versée chaque année à une Compagnie pour que celle-ci s'engageât à rembourser à un prêteur les 20,000 fr. en cas de décès de son débiteur avant l'expiration de la dixième année.

Comme dans l'exemple précédent, la prime aurait pu être établie avec décroissance dans le cas où le prêt aurait été fait par le Crédit foncier, où le remboursement s'effectue par annuités.

§ 5

Parmi les nombreux débiteurs dont les créances sont considérées comme totalement perdues, il s'en rencontre néanmoins quelques-uns de bonne foi, qui, momentanément insolvables, seraient cependant disposés à acquitter leurs dettes dans un délai déterminé.

6me EXEMPLE.

Un banquier comptait au nombre de ses débiteurs insolvables un homme qui lui devait 5,000 francs; ce dernier consentait néanmoins à les lui rembourser dans une période de dix années par à-comptes de 500 fr. ; mais il était possible que la mort vînt interrompre ses payements; le créancier s'est mis facilement à l'abri de cette éventualité défavorable en faisant appel à la loyauté de son débiteur et en lui faisant garantir par une Compagnie les sommes dont il lui pourrait encore être redevable au jour de son décès.

Le débiteur avait trente ans; si le dernier remboursement avait été fixé à la dixième année seulement, une prime annuelle de 84 francs eût suffi à cette garantie; mais, comme nous l'avons dit plus haut, ce remboursement devait s'effectuer en dix payements annuels de 500 francs chacun; l'opération s'est donc résumée en primes décroissantes, comme nous l'avons expliqué précédemment.

Cette combinaison offre donc au créancier toutes les garanties désirables; car, si l'assuré vit, il remboursera lui-même le montant de sa dette; s'il meurt, la Compagnie interviendra en son lieu et place.

§ 6

Les marins, les négociants et toutes autres personnes sur le point d'entreprendre un voyage de long cours pour un temps indéfini feraient acte de sage prévoyance si, avant d'affronter les périls de la navigation et l'insalubrité de certains climats, ils avaient recours à une Compagnie. Moyennant une prime plus ou moins élevée, en raison des dangers probables auxquels ils sont exposés, elle mettrait leur famille à l'abri des désastreuses conséquences qu'entraînerait pour elle la mort inopinée de leur unique soutien.

S'ils échappent à tous les périls du voyage, les bénéfices de leur expédition les indemniseront largement des primes qu'ils auront payées: dans le cas contraire, ils succomberont avec la douce consolation de savoir que leur mort ne sera pas suivie de la ruine des objets de leur plus tendre sollicitude.

CHAPITRE III

Assurances sur deux têtes

§ 1

L'assurance sur deux têtes convient particulièrement à deux époux, deux frères, deux amis, et généralement à toutes personnes qui désirent augmenter le bien-être de ceux qui leur survivront.

Récompenser convenablement les bons et loyaux services d'employés zélés, de serviteurs fidèles, en leur laissant, après soi, une existence assurée, est un devoir auquel ne devraient jamais se soustraire ceux qui ont été l'objet d'un tel dévouement.

La crainte de léguer à ses successibles une charge grevant leur héritage, charge que ces derniers n'acquittent souvent qu'autant qu'ils y sont contraints par les tribunaux, a plus d'une fois arrêté le testateur.

L'accomplissement de si louables intentions ne dépend cependant que de notre volonté, puisque, sans léser les intérêts de nos héritiers, nous pouvons, pendant notre vie, charger une compagnie de leur exécution.

1er EXEMPLE

M. et Mme N***, sur le point de se retirer du commerce désirant reconnaitre d'une manière convenable le dévouement et la probité de M. C***, employé dans leur maison depuis longtemps, et aux bons soins duquel ils sont redevables d'une partie de leur fortune, voulaient lui assurer, après leur mort. un capital de 40,000 francs, dont l'intérêt annuel représente la moitié des appointements qui lui sont alloués.

Pour atteindre ce résultat, il leur a suffi de s'adresser à une Compagnie qui, moyennant une prime payée annuellement pendant leur existence, garantit à M. C*** le payement du capital que M. et Mme N*** désirent laisser à leur employé.

2me EXEMPLE

Deux personnes âgées veulent, après leur mort, récompenser les bons soins d'une domestique attachée à leur service depuis grand nombre d'années, en lui assurant un capital de 12,000 fr., équivalant à 600 francs de rente.

Elles ont eu recours à la même combinaison pour assurer l'accomplissement de leur volonté.

On peut encore y recourir toutes les fois que l'on a un ami à favoriser, un service quelconque à récompenser.

§ 2

Quelque longs que puissent être les délais accordés par le *fisc* (moyennant une garantie hypothécaire) pour l'acquittement des droits de succession, ces droits n'en sont pas moins une charge fort lourde, surtout pour les successibles auxquels échoit un héritage dont l'entrée en jouissance est subordonnée à la mort de deux personnes auxquelles l'usufruit a été dévolu, usufruit qui durera d'autant plus d'années que les bénéficiaires ne sont pas fort âgés.

3me EXEMPLE

M. E*** avait hérité d'immeubles grevés de l'usufruit de deux personnes; les droits de succession s'élevaient à 20,000 francs: une assurance faite sur les titres des usufruitiers et dont la prime annuelle est payable jusqu'au dernier décès des usufruitiers, a facilité à M. E*** un emprunt qui lui a permis d'acquitter les droits de succession et l'a affranchi de l'obligation de vendre, à perte peut-être, une de ses propriétés pour effectuer ce payement.

§ 3

Cette même combinaison se prête encore au remplacement d'un usufruit ou d'une rente viagère qui s'éteint par la mort du titulaire.

L'unique fortune de beaucoup de familles consiste en une rente viagère ou un usufruit dont jouissent le père et la mère, qui, satisfaits du présent parce qu'il les met au-dessus du besoin, insouciants de l'avenir, oublient que l'aisance de la famille disparaît avec eux.

4me EXEMPLE

Un mari et son épouse jouissent d'une rente

viagère de **3,000** francs, qui, en s'éteignant à leur décès, plongera leurs enfants dans la misère.

Ils pourraient très-facilement leur assurer un capital plus ou moins important en prélevant sur ce revenu, qui doit s'éteindre avec eux, une prime annuelle en rapport avec leur âge et la somme qu'ils veulent laisser à leurs enfants.

CHAPITRE IV

Assurances de Survie

§ 1

L'assurance de survie est un contrat par lequel une Compagnie s'engage à payer, soit un capital, soit une rente au décès d'une personne désignée; mais dans le cas seulement où une autre personne, également désignée à l'avance, survit à la première. Cette assurance repose conséquemment sur deux têtes et ne finit qu'au décès de l'une d'elles : cependant la Compagnie ne doit la somme stipulée qu'après le décès de l'assuré; celui du bénéficiaire éteint le contrat, et les primes versées sont intégralement acquises à la Compagnie.

Dans cette combinaison, les contractants peuvent également stipuler que le capital ou la rente viagère sera payable à l'un ou à l'autre survivant indistinctement.

Quelques exemples en rendront l'intelligence facile.

§ 2

Beaucoup de parents se laissent éblouir par le

luxe, la position élevée et un revenu considérable
qu'un brillant mariage offre à leurs filles. Ils
n'envisagent que le présent, sans se préoccuper
de l'adversité qui peut fondre sur elles au
moment où la mort, en les privant d'un époux
beaucoup plus âgé qu'elles, leur enlève, sinon l'aisance, du moins les moyens de subvenir à un
luxe dont elles auront contracté l'habitude pendant
leur union.

Une assurance faite sur la tête du mari sous-
trairait la femme, dans le cas où elle lui survivrait,
à une aussi triste éventualité.

1er EXEMPLE

M. P*** demandait en mariage la fille unique,
mais peu fortunée, de M. de G***; celui-ci, en père
prévoyant, refusait cette alliance parce que la fortune de M. P***, très-importante d'ailleurs, ne
consistait qu'en revenus viagers ou usufruits
s'éteignant au jour de son décès, et qu'ainsi, après
avoir vécu dans l'opulence, sa fille, devenue veuve
avec ou sans enfants, pourrait se trouver dans
une position précaire, et forcée de s'imposer des
privations inconnues jusqu'alors.

M. P*** comprit qu'une Compagnie d'assurances sur la vie pouvait seule le tirer d'embarras.
Il s'engagea donc à prélever sur ses revenus la
somme nécessaire à la constitution d'un capital
de 200,000 francs, au profit de sa future épouse :
cette somme lui est dès aujourd'hui garantie,
moyennant une prime annuelle de 5,900 francs,
M. P*** ayant quarante ans et Mlle de G*** vingt
ans.

M. de G***, ainsi rassuré sur l'avenir de sa fille

n'a plus eu de motifs pour refuser son consertement, et le mariage a' eu lieu il y a deux ans.

§ 3

Ce genre d'assurance peut aussi garantir à un père et à une mère la possession d'un héritage que leur enlèverait le décès de leur enfant, s'il avait lieu avant celui des grands-parents.

Il n'est pas sans exemple qu'un père ou une mère, resté veuf avec un enfant unique, se soit vu frustré d'héritages auxquels il aurait eu droit si l'enfant eût survécu. (Pour une opération de cette nature, le consentement des parents est indispensable.)

2me EXEMPLE

M. F*** vient de perdre son épouse, lui laissant un fils unique âgé de vingt ans, héritier direct de ses grands-parents qui vivent encore. Si, intervertissant l'ordre de la nature, la mort le moissonnait avant eux, le père se trouverait déchu d'une succession qu'il eût recueillie en tout ou partie si l'enfant leur eût survécu. .

Le père et la mère de M. F*** vivent encore, le premier âgé de soixante-cinq ans et la seconde de soixante ans; ils sont possesseurs d'une fortune de 150,000 francs chacun, soit 300,000 francs; capital que perdrait M. F*** si son fils prédécédait.

Une Compagnie a garanti M. F*** contre cette éventualité fâcheuse au moyen de deux assurances combinées; l'une sur la tête de son fils âgé de vingt ans, et sur celle du grand-père âgé de soixante-cinq ans; l'autre sur celle du même enfant et de sa grand'mère, âgée de soixante ans.

M. F*** paye chaque année pour la première assurance une prime de 1,965 francs, et pour la seconde celle de 2,040 francs; ensemble, une somme annuelle de 4,005 francs.

De cette manière, ou l'enfant survivant héritera directement et les assurances cesseront, ou il prédécédera, et M. F*** père recevra de la Compagnie les 300,000 fr. garantis; soit 150,000 fr. au décès du grand-père, et 150,000 fr. à celui de la grand'mère de son fils.

§ 4

Un fils, seul appui de son vieux père, peut par son travail subvenir à tous ses besoins; cependant sa tendresse filiale s'alarme à la pensée que sa mort laisserait son père sans moyens d'existence.

3me EXEMPLE

M. B*** fils, âgé de trente ans, employé dans une maison de commerce, a son père âgé de soixante ans, qu'il soutient à l'aide de ses appointements; mais il redoute qu'une mort prématurée venant à l'enlever, son père ne se trouve sans ressources.

Une prime annuelle de 116 fr. 50 cent. payée à une Compagnie suffit pour le mettre à l'abri de cette crainte, puisqu'elle garantit 1,000 francs de rente viagère à son père, si celui-ci lui survit.

§ 5

Une succession est toujours éventuelle, toutes les fois qu'un événement fortuit peut vous en frustrer.

4me EXEMPLE

Louis doit hériter de Jules une somme de 35.000 francs, pourvu toutefois que le dernier survive à Hector; car, dans le cas contraire, Louis n'hériterait pas.

Dans l'alternative de perdre ou de recueillir cette succession, Louis s'est adressé à une Compagnie qui lui garantit les 35,000 francs, dans le cas où Hector survivrait à Jules. De cette manière, ou Louis se trouvera largement indemnisé par l'héritage qu'il recueillera, ou la Compagnie payera à lui ou à ses héritiers le capital garanti; capital qu'il aurait perdu sans cette précaution.

Si Hector a quarante-cinq ans et Jules trente, une prime annuelle de 1,224 fr. 50 cent. suffit pour obtenir la somme précitée.

§ 6

On trouverait maintes occasions avantageuses d'employer des capitaux plus ou moins considérables, mais qu'on est forcé de laisser s'échapper, lors même que l'on serait appelé plus tard à devenir possesseur d'une brillante fortune.

Une assurance souscrite au profit du prêteur, lui garantissant son capital pour le cas où l'emprunteur décéderait avant ceux dont il doit hériter, rendrait un pareil emprunt extrèmement facile.

5me EXEMPLE

M K***, fils d'un homme fort riche, mais avare, avait besoin d'une somme de 80,000 francs pour une entreprise industrielle. Sur le refus de son père, il s'adressa à un capitaliste, duquel il essuya également un refus, fondé sur ce que M. K***, n'ayant que cinquante-cinq ans, et jouissant d'une santé parfaite, pouvait vivre bien des années encore; et que, de plus, ce qui ne serait pas impossible, le fils pouvait mourir avant le père, ce qui entraînerait la perte totale du capital prêté.

Une assurance de survie pour le cas où le père survivrait au fils âgé de vingt-cinq ans a aplani toute difficulté en garantissant au capitaliste les 80,000 francs prêtés.

Une Compagnie a donné cette garantie moyennant le payement d'une prime annuelle de 1,264 francs.

§ 7

Peu de contrats de mariage se font sans que les jeunes époux se constituent réciproquement un don de survie; ce don blesse essentiellement les droits des deux familles, qui ne peuvent voir sans un vif sentiment de regret ces donations destinées à passer, un jour, dans une famille étrangère, si aucun enfant ne naît de cette union.

Ces dispositions n'ont-elles pas souvent apporté un obstacle sérieux à des alliances parfaitement assorties, du reste, sous tous les rapports? Un pareil obstacle est bien facile à aplanir; ainsi, au lieu de se constituer réciproquement un don de survie; que les époux contractent une assurance de survie sur leurs deux têtes, au profit du survivant d'entre eux, de cette façon ils se garantiront pour l'avenir, sans froisser en rien les intérêts ni la susceptibilité de leur famille, une ressource certaine qu'ils ne devront qu'à leurs économies.

6me EXEMPLE

Supposons qu'une jeune personne âgée de vingt ans et un jeune homme de trente ans fassent, en mariage, un apport de 100,000 francs chacun; une Compagnie rembourserait au survivant d'entre eux, l'apport fait par l'autre moyennant une prime annuelle de 3,790 francs.

§ 8

La prudence exige que les personnes qui, en dehors des bénéfices journaliers de leur profession, jouissent d'une rente viagère ou d'un usufruit aient recours à une Compagnie d'assurance pour se prémunir contre l'éventualité fâcheuse d'une mort prématurée, qui enlèverait à leur famille toutes les ressources dont elle jouit.

7me EXEMPLE

M. S***, avocat du bureau de P***, âgé de quarante ans, sollicita et obtint la main d'une jeune personne de vingt ans, issue d'une famille distinguée, mais sans fortune.

Outre les sommes considérables que lui rapporte son cabinet, M. S*** était possesseur d'une rente viagère de 6,000 francs, qui le mettait à même d'entourer sa jeune épouse de toute l'aisance désirable. Cependant M. S*** ne se dissimulait pas que la mort, l'arrêtant au milieu de sa carrière, enlèverait du même coup à sa femme les bénéfices de sa profession et la rente viagère reposant sur sa tête; ce qui la plongerait dans une misère d'autant plus affreuse qu'elle se serait habituée au confort, au luxe même.

Dans la prévison d'un pareil événement, M. S*** n'a pas hésité à constituer à sa femme une rente viagère au moins égale à celle que sa mort lui ravirait.

Une prime annuelle de 2,525 francs 40 cent., payée pendant la durée de son existence, suffit pour qu'une Compagnie se soit chargée de servir cette rente à la veuve au jour du décès du mari.

§ 9

Beaucoup de militaires se retirent dans leurs foyers avec une modique pension, acquise, soit par des blessures qui les rendent incapables de servir, soit par l'accomplissement du nombre d'années exigé pour la mise à la retraite.

Le plus souvent, trop âgés ou trop infirmes pour songer au mariage, le seul parti avantageux qui leur resterait à prendre, tant pour ne pas vivre isolés que pour rendre leur existence commune plus douce, serait de se réunir à d'autres compagnons d'armes, et de confondre leurs pensions.

8ᵐᵉ EXEMPLE

Deux officiers en retraite, unis par la plus étroite amitié, mettent en commun leurs ressources respectives, consistant en pensions viagères; celle de M. J***, s'élevait à 3,000 francs et celle de M. H***, à 6.000 francs; le premier avait quarante ans et le second soixante ans.

Plus jeune de vingt années que son ami, M. J*** absorbait la majeure partie de leurs revenus réunis. M. H⋯ redoutait non sans raison que, s'il descendait le premier dans la tombe, son ami ne se trouvât privé des jouissances auxquelles il s'était habitué; car sa mort ferait disparaître la majeure partie du revenu.

Une prime annuelle de 1,522 francs 20 cent. payée à une Compagnie par M. H⋯ jusqu'au jour de son décès, garantit désormais une rente de 2,000 francs à M. J⋯, dans le cas où ce dernier lui survivrait.

De cette manière, au décès de M. H*** M. J*** jouirait d'un revenu annuel de 5,000 francs.

§ 10

Cette combinaison offre également à une personne ne possédant pour toute fortune qu'une rente viagère la possibilité d'assurer, après son décès, le sort d'un enfant confié à sa sollicitude par des parents malheureux.

9me EXEMPLE

M. et Mme F***, sous le coup d'une ruine complète, moururent de chagrin, laissant un fils âgé de cinq ans seulement, qu'ils avaient confié aux soins maternels de Mlle F***, leur sœur. Celle-ci, âgée de trente ans, consent volontiers à se charger d'un neveu qu'elle aimait tendrement, et à pourvoir à son éducation tant qu'elle vivra. Mais comme sa fortune ne consis'ait qu'en une rente viagère s'éteignant à son décès, elle ne pouvait envisager sans inquiétude l'avenir de l'enfant à qui elle tient lieu de mère.

Dans le but de lui assurer des ressources pour

le cas probable où il lui survivrait, elle pouvait faire des économies sur ses revenus annuels. Mais la mort lui laisserait-elle le temps de les réaliser? Combien d'ailleurs ne faudrait-il pas d'années pour accumuler la capital d'une rente viagère de 2,000 francs, par exemple; tandis que, moyennant une prime annuelle de 738 fr. 20 c., une Compagnie garantit aujourd'hui cette rente à son neveu à partir du jour de son décès.

§ 11

Des raisons majeures s'opposent quelquefois à ce que des amis puissent au moment de leur mort disposer d'une partie ou de la totalité de leur fortune en faveur l'un de l'autre. L'assurance de survie peut facilement aplanir ces difficultés éventuelles.

10me EXEMPLE

MM. L*** et M***, dont l'amitié datait depuis longtemps, sur le point l'un et l'autre d'entreprendre un voyage qui pouvait durer plusieurs années, voulaient que le survivant d'entre eux ne fût pas exposé aux privations que pourrait lui imposer la mort de son ami. C'est dans cette prévision qu'ils désiraient se léguer réciproquement une portion de leur fortune; mais des convenances de famille s'opposaient invinciblement à l'accomplisssement de ce désir. L'un avait vingt cinq ans et l'autre trente ans; ils voulaient porter à 6,000 francs la rente viagère à payer au survivant d'entre eux; une prime annuelle de 3,068 fr. 40 c. payée à une Compagnie suffit pour atteindre ce résultat.

§ 12

La même combinaison peut faciliter le remplacement d'une rente viagère ou d'un usufruit s'éteignant au décès de l'un ou l'autre de deux époux.

11me EXEMPLE

Deux jeunes gens font en mariage un apport réciproque de 1,600 francs de revenu, consistant en une rente viagère et un usufruit. Leur tendresse mutuelle s'alarmant à la pensée que le décès de l'un enlèvera à l'autre la moitié de l'aisance dont ils jouissent en commun, ils désirent se mettre à l'abri de cette éventualité.

Admettons que les jeunes époux aient, l'un vingt ans et l'autre vingt-cinq; un prélèvement annuel de 775 fr. 36 c., fait sur les 3,200 francs de rente dont ils jouissent, remplacerait pour le survivant, quel qu'il fût, les 1,600 francs de rente viagère perdus par le décès de l'autre.

12me EXEMPLE

De jeunes époux, âgés de vingt à trente ans, pouvaient à force de travail faire une économie mensuelle de 31 à 32 francs, soit 379 francs 35 c. par an; ils ont trouvé moyen par cette combinaison d'assurer l'existence de celui d'entre eux qui survivra. Cette somme placée dans une Compagnie assure au survivant une rente viagère de 750 francs, le décès de l'un d'eux aurait-il eu lieu le lendemain de la signature du contrat.

§ 13

Nous pensons que ces nombreux exemples, choisis parmi tant d'autres, suffiront pour démontrer avec quelle facilité les combinaisons des assurances *payables en cas de mort* se prêtent à toutes les exigences de ceux qui, sous quelque forme que ce soit, désirent assurer après eux le bien-être des personnes qui leur sont les plus chères.

Ils suffiront aussi, nous l'espérons, pour en rendre l'intelligence facile, de manière à guider le choix des personnes en raison des motifs qui peuvent les déterminer à rechercher les avantages attachés aux opérations des Compagnies d'assurances sur la vie.

§ 14. — *Certificats de santé.*

Dans chacune des opérations ayant pour but le payement d'un capital, souvent important, au jour du décès de l'assuré les Compagnies exigent la production d'un certificat de santé.

Cette exigence indispensable fait naître, chez certaines personnes, une répugnance assez grande pour les faire renoncer à une assurance en cas de mort dont elles reconnaissent parfaitement, du reste, l'absolue nécessité.

On doit cependant facilement comprendre qu'admettre l'assurance de personnes dont l'état de santé pourrait faire craindre une mort prématurée, ce serait s'écarter de la prudence qui doit présider à de telles opérations, léser gravement les intérêts des Compagnies et anéantir en partie la sécurité qu'elles offrent au public.

Cette répugnance doit d'ailleurs disparaître devant la certitude qu'une mission aussi délicate n'est confiée, par les Compagnies, qu'à des praticiens distingués et discrets auxquels on peut accorder la confiance la plus illimitée.

DEUXIÈME PARTIE

Assurances payables en cas de vie

Les assurances *payables en cas de vie* ont pour but de subvenir à tous les besoins de l'existence.

Ainsi on peut constituer, pour soi-même ou pour des tiers, des rentes viagères immédiates ou différées sur une tête ou sur plusieurs têtes avec ou sans réduction au premier décès.

On peut constituer des dots, des capitaux d'établissement et de remplacement dans le service militaire.

On peut encore créer des bourses pour les études classiques et supérieures, exigibles aux époques déterminées par les contractants eux-mêmes.

Comme les assurances *payables en cas de mort*, elles conviennent aux pères de familles, mais à des titres différents.

Elles conviennent également aux fonctionnaires publics, aux professeurs, aux militaires, à tous ceux enfin qui ne reçoivent de l'Etat qu'une pension bien insuffisante aux nécessités de leur vieillesse.

L'ecclésiastique, l'avocat, l'artiste, l'homme de lettres, le célibataire et les époux sans enfants doivent tous y avoir recours s'ils veulent placer avantageusement et d'une manière sûre les épargnes qu'ils tiennent en réserve pour augmenter sensiblement l'aisance de leurs vieux jours.

Nous diviserons cette deuxième partie de notre travail en neuf chapitres différents, savoir :

1o Rentes viagères immédiates sur une et deux têtes ;

2o Rentes viagères différées sur une et deux têtes;

3o Rentes temporaires différées d'un certain nombre d'années;

4o Constitution de capitaux et de rentes différées;

5o Constitution de capitaux et de rentes différées, avec remboursement de capital au décès;

6o Assurances différées d'un capital sur une et deux têtes;

7o Assurances mixtes;

8o Participation dans les bénifices des Compagnies;

9o Garanties offertes par les Compagnies.

Et nous citerons, pour les rendre plus intelligibles, des exemples à l'appui de chaque combinaison.

CHAPITRE PREMIER

Rentes viagères immédiates et fixes sur une tête.

§ 1.

De toutes les combinaisons des assurances payables en cas de vie, la constitution des rentes viagères est, sans contredit, la plus généralement connue. Nous ne croyons pas nécessaire d'entrer à ce sujet dans de grands développements. Tout le monde sait que, dans cette opération, le rentier fait l'abandon complet de son capital en échange d'une rente qui lui sera payée à son choix et à sa convenance par *trimestre*, par *semestre* ou par *année*, pendant toute la durée de son existence, et dont l'intérêt est bien plus élevé que celui qu'il retirerait d'un capital dont il conserverait la propriété.

Nous nous attacherons simplement à faire ressortir les avantages bien supérieurs que trouverait le rentier à placer ses capitaux dans une Compagnie plutôt que chez les particuliers, tant sous le double rapport de la sécurité et de l'exactitude des payements que sous celui de sa satisfaction personnelle.

Nous ne contestons pas la valeur de la garantie offerte par une hypothèque en ordre utile, reposant sur une propriété importante. Dans combien de cas, cependant, cette garantie n'est-elle pas devenue illusoire, soit par une hypothèque légale, une reprise dotale absorbant le gage et que l'emprunteur a eu le soin de cacher, soit par la détérioration de la propriété, devenue ainsi une garantie insuffisante à la solidité du placement ?

Admettons l'hypothèque parfaitement établie, l'immeuble suffisant, le débiteur ne peut-il pas devenir insolvable ou de mauvaise foi ? Mais il reste au rentier, dira-t-on, la ressource de l'expropriation ! Triste ressource, en vérité, que celle qui se traduit en frais à avancer et en perte de temps considérable. Aura-t-on, d'ailleurs, les moyens de faire face à ces frais et de subvenir à la fois à ses besoins ? En cas d'affirmative, il aura recours aux tribunaux : nécessité bien pénible pour l'homme qui n'a aliéné ses capitaux que pour achever plus paisiblement le reste de sa carrière.

Un autre inconvénient inhérent aux placements faits chez les particuliers est celui d'être exposé à ce que la rente se trouve divisée en autant de portions qu'il y aurait d'héritiers (art. **873** du Code civil). Il y a plus, c'est que le gage est susceptible de passer entre les mains d'un malhonnête homme, substitué, sans que le rentier puisse s'y opposer, à l'excellent débiteur en qui il avait confiance.

Ce serait ici le cas de faire remarquer de quelle douloureuse impression on est frappé, lorsque l'on compulse la statistique criminelle de l'Europe, en reconnaissant que, parmi les nombreux condamnés à mort, poussés par la plus sordide cupidité à commettre le crime horrible de l'assassinat, une partie a eu pour mobile unique l'extinction de rentes viagères.

Dans les Compagnies, le rentier se trouve à l'abri de toutes craintes, tant sous ce rapport que sous celui des garanties qu'elles lui offrent; car elles ont le plus grand intérêt à remplir scrupuleusement leurs engagements envers lui, puisque, en y manquant un seul jour, elles se déconsidéreraient elles-mêmes et paralyseraient toutes leurs chances d'avenir.

Il est extrêmement facile de démontrer aux rentiers que les conditions fixées à l'avance d'une façon invariable et équitable pour tous sont infiniment plus avantageuses que celles à attendre de particuliers forcés à débattre le taux de l'intérêt.

Un point important qui doit attirer l'attention du rentier, c'est qu'en traitant avec une Compagnie il échappe à ce sentiment pénible que l'on éprouve toujours en traitant directement avec une personne pour laquelle votre existence devient une charge onéreuse et qui semble, à chaque année nouvelle, vous reprocher celle dont votre vie se prolonge. Il n'en peut être de même pour le contrat passé avec une Compagnie, qui, ne connaissant pas individuellement ses rentiers, n'est pas réduite à désirer la mort de tel ou tel d'entre eux. Elle peut d'ailleurs, sans s'inquiéter des longévités exceptionnelles, attendre d'autant plus patiemment l'accomplissement des lois de la nature, que les décès prématurés ont compensé, à l'avance, les chances défavorables.

Un point non moins important est celui de

l'inviolabilité du secret que conservent les Compagnies sur leurs opérations.

Outre les garanties morales et matérielles que désire rencontrer le rentier viager, il en est une non moins importante pour lui : c'est l'exactiude du payement. Or, cette exactitude, il l'obtiendra rarement du preneur qui souvent est obéré et qui, dans une foule de cas, ne pourra ou ne voudra pas servir régulièrement à l'échéance les arrérages dont il est redevable. Les Compagnies, au contraire, payent intégralement au jour fixé, sans interruption ni retard. Cela leur est d'autant plus facile, qu'indépendamment de l'importance de leur capital social, les sommes qui sont versées journellement dans leurs caisses suffiraient seules au service des rentes viagères qu'elles constituent.

Un simple coup d'œil jeté sur l'extrait de leurs tarifs pourra fixer sur le chiffre élevé d'intérêts qu'elles payent à leurs rentiers, d'après leur âge et pour chaque somme de 100 francs placée avec abandon en leur faveur, des arrérages courus depuis la dernière échéance jusqu'au jour du décès.

Cependant les Compagnies constituent les rentes également avec réserve des arrérages ; mais, dans ce cas, le taux d'intérêt viager serait un peu moins élevé.

Il ne faut pas perdre de vue que les taux d'intérêts sont calculés en raison de l'âge du rentier et demeurent invariables du jour de la signature du contrat jusqu'à celui de son décès.

Le payement des rentes peut avoir lieu par trimestre toutes les fois que le rentier le désire; mais alors le taux de la rente est légèrement inférieur.

§ 2

Le placement en rente viagère immédiate sur une ou deux têtes convient à toute personne célibataire, veuve ou mariée sans enfants, qui, arrivée à un certain âge, peut disposer d'un capital quelconque, dont l'intérêt, dans un placement ordinaire ne lui fournirait pas les moyens de subvenir à son existence.

1er EXEMPLE

Mlle V*** ne se sentant aucune disposition pour le mariage est arrivée à l'âge de quarante-cinq ans sans avoir accepté aucune des propositions qui lui ont été faites à cet égard. Elle est parvenue par trente années de travail et de privations à économiser une somme de 20,000 francs, placée entre les mains d'un capitaliste qui lui en sert l'intérêt annuel de 4 p. 100 seulement (soit 800 francs), somme d'autant moins suffisante à ses besoins qu'elle ressent déjà les infirmités d'un âge avancé.

Mlle V*** a fait le placement de ses 20,000 fr. à fonds perdus à une Compagnie qui, outre les éléments d'une sécurité beaucoup plus grande, lui a donné la jouissance immédiate d'un intérêt bien plus élevé et qui lui sera régulièrement payé.

Le taux d'intérêts payables par semestre étant à son âge de 7,45 p. 100, elle jouit donc d'un revenu annuel de 1,490 francs au lieu de 800 fr. qu'elle touchait antérieurement.

2me EXEMPLE

M. D***, employé supérieur dans un ministère, prévoyant l'époque de sa retraite et désirant assurer une confortable aisance à sa vieillesse, prélevait chaque année sur ses appointements une somme qu'il destinait à atteindre ce but. Arrivé à sa cinquante-quatrième année, ce capital, fruit de ses longues économies, s'élève à 65,000 fr., dont il ne trouve le placement qu'à raison d'un intérêt annuel de 5 p. 100 garanti par des immeubles.

M. D*** allait effectuer ce placement, lorsqu'un de ses amis lui fit observer que, dans de semblables conditions il se trouvera dans une position d'aisance bien inférieure à celle dont il jouit depuis longues années dans son emploi; tandis qu'une Compagnie, à laquelle il donnerait ses 65,000 francs à rente viagère lui donnerait un taux d'intérêt payable par semestre de 8 francs 93 p. cent, ce qui porterait son revenu annuel à 5,804 fr. 50 au lieu de 3,250 fr. que lui donnerait le premier mode de placement.

3me EXEMPLE

M. S***, négociant resté veuf sans enfants, se retire du commerce pour aller vivre dans une propriété d'une valeur de 200,000 francs environ produisant un revenu annuel de 6,000 francs, somme bien insuffisante à ses habitudes de dépenses.

M. S*** avait soixante et un ans et désirait naturellement augmenter ses ressources annuelles;

à cet effet, il consulta plusieurs de ses amis sur le mode de placement le plus avantageux auquel il pouvait recourir. Vendre sa propriété et en placer le montant à fonds perdus lui semblait le meilleur; mais ses amis lui font observer que la réalisation de cette vente au prix de 200,000 fr. présenterait des difficultés et amènerait des lenteurs. Pour terminer immédiatement, M. S*** a vendu sa propriété 180,000 francs, il les a placés à une Compagnie qui lui sert un intérêt annuel payable par semestre, de 10 fr. 75 p. cent, ce qui porte son revenu viager à 19,350 francs au lieu de 6,000 francs que lui produisait sa propriété.

CHAPITRE II

Rentes viagères immédiates et fixes sur deux têtes.

§ 1

Ces opérations conviennent dans bien des circonstances de la vie, spécialement à des époux sans postérité, à des frères et sœurs, à des amis, à des personnes âgées qui veulent récompenser le dévouement et les longs services de vieux serviteurs.

Ces opérations peuvent se constituer avec ou sans réduction au premier décès. Le taux d'intérêt est calculé en raison de la réduction d'un quart, de moitié ou des trois quarts de la rente à servir au survivant.

1er EXEMPLE

M. A*** et son épouse ayant perdu un fils et une fille, objets de leurs plus chères affections, s'étaient retirés dans une propriété, où ils vivaient d'un modeste revenu de 1,500 francs, produit d'un capital de 37,000 francs placé à l'intérêt de 4 p. 100 l'an.

Trouvant que ce revenu suffisait à peine aux besoins incessants de leur âge avancé (l'un avait soixante-trois ans et l'autre soixante-huit), ils s'adressèrent à une Compagnie pour connaître le taux auquel elle prendrait leur capital.

Les calculs établis en raison de l'âge des proposants, il leur fut répondu que l'intérêt annuel serait porté à 9 fr. 70, payable par *semestre*, ce qui, par conséquent, élèverait leur revenu annuel à la somme de 3,589 francs au lieu de 1,500 fr.

2me EXEMPLE

M. B*** et l'une de ses sœurs, liés par la plus étroite amitié et désirant ne jamais se séparer, s'étaient mutuellement engagés à ne pas se marier et à mettre en commun les parts qui leur reviendraient de la succession de leurs parents. Quelques années plus tard leurs parents moururent. Dès lors, fidèles à leur convention, ils réunirent leur patrimoine, s'élevant ensemble à 62,000 fr., qu'ils placèrent en rentes sur l'État.

Parvenus, l'un à soixante-cinq ans et l'autre à soixante-dix, ils reconnurent que le revenu de 3,100 francs dont ils jouissaient devenait insuffisant à leurs besoins; ils firent vendre leurs rentes et en placèrent le capital à fonds perdus dans une Compagnie qui, en raison de leur âge, leur en payera *semestriellement* l'intérêt à 10 fr. 41 p. 100, ce qui élève leur revenu annuel à 6,454 fr. 20 et améliore sensiblement leur position.

3me EXEMPLE

Mme de C***, veuve d'un officier général, avait

cinquante ans lorsqu'elle perdit son mari. Elle avait auprès d'elle un vieux serviteur attaché à sa famille depuis plus de trente ans, et dont elle désirait assurer l'existence après elle, en récompense de ses nombreux services. Mais comme Mme de C*** ne possédait pour toute fortune qu'une rente viagère s'éteignant à son décès, elle prit la résolution, quoique en s'imposant des privations, de faire annuellement des économies qui s'élevèrent progressivement au chiffre de 30,000 francs.

Arrivée à l'âge soixante-dix ans et son domestique à celui de soixante-quinze, elle prit le parti de placer ses épargnes sur sa tête et sur celle de son domestique, dans une Compagnie d'assurance, avec condition de réductibilité de moitié de la rente au premier décès.

Le taux d'intérêt à ces âges étant de 16 francs 50 p. 100, Mme de C***, en faisant cette opération, s'est assuré pour elle et son domestique, pendant leur existence simultanée, une rente annuelle et viagère, payable par semestre, de 4,734 francs, réduite à 2,367 francs, lors du décès de l'un d'eux.

§ 2

Il se rencontre assez fréquemment, dans nos campagnes, des cultivateurs qui, arrivés à un certain âge et désirant se reposer de leurs longs et fatigants labeurs, réunissent leurs enfants pour faire entre eux le partage de leurs propriétés.

Ces partages se font assez généralement à la condition que les copartageants leur serviront, durant leur existence, une rente viagère.

Ces rentes sont, la plupart du temps, une charge

de laquelle les enfants voudraient se voir affranchis le plus promptement possible. Il suffit, pour en avoir la preuve, de compulser les annales judiciaires, qui nous fournissent des exemples heureusement assez rares d'enfants dénaturés allant jusqu'au parricide pour arriver à l'extinction d'une rente qu'ils regardent comme trop onéreuse.

Les parents ne seraient-il pas beaucoup plus sages, lorsqu'ils procèdent au partage de leurs propriétés entre leurs enfants, d'en réserver une portion avec laquelle ils se feraient constituer par une Compagnie d'assurance une rente viagère bien supérieure à celle qu'ils exigeraient de leurs enfants, et qui leur serait beaucoup plus régulièrement payée?

De cette manière, ils acquerraient une tranquillité parfaite; car, même en écartant la pensée du crime, ne doit-il pas leur rester la crainte que, sur trois ou quatre enfants, un ou deux d'entre eux ne réussiront pas dans leurs affaires, et se trouveront dans l'impossibilité de leur payer la portion de rente laissée à leur charge?

4me EXEMPLE

M. A*** et son épouse, cultivateurs dans la Normandie, réunirent un jour leurs trois enfants, afin de faire entre eux le partage de leurs propriétés, s'élevant à la somme de 200.000 francs, à la condition de leur servir une rente viagère de 6,000 fr., soit 2.000 francs chacun.

Un notaire de leurs amis, homme expérimenté et profondément versé dans la connaissance du cœur humain, leur donna le sage conseil de s'adresser de préférence à une Compapnie pour le service de cette rente, et en conséquence d'emprunter sur leur propriétés le capital nécessaire à la constitution de cette rente.

M. A*** avait alors soixante-cinq ans et son épouse soixante; la somme à verser pour la rente de 6,000 francs s'élevait à 68,027 francs, pour lesquels un emprunt fut contracté à la condition que les enfants en serviraient les intérêts et en effectueraient le remboursement dans une période de dix années.

Une semblable opération offrait le double avantage de ne pas aliéner une portion des propriétés et de donner toute sécurité aux rentiers, puisque les enfants, n'ayant plus rien à recueillir au décès de leurs parents, n'ont aucun intérêt à la brièveté de leur existence.

CHAPITRE III

Rentes viagères différées.

§ 1

Ce mode de placement convient aux personnes qui, jeunes encore, et subvenant avec facilité aux besoins de leur existence, peuvent reculer d'un certain nombre d'années la jouissance d'un revenu.

Les ecclésiastiques, les artistes, les hommes de lettres, et principalement les militaires, les employés civils quels qu'ils soient, recourront avec avantage à cette combinaison, qui se prête à toutes les exigences, d'autant plus aisément qu'il n'est pas indispensable, comme dans les opérations précédentes, de disposer immédiatement d'un capital pour acquérir une rente à une époque déterminée. Elle s'obtient soit par le versement d'une somme unique, soit par celui d'une *prime annuelle, semestrielle* ou *trimestrielle*, à la volonté du constituant.

Ainsi une personne jeune encore, voulant après un délai de 10, 15, 20, 25 ou 30 ans, obtenir une rente de 100 francs, aurait à payer les prix uniques ou les primes annuelles en raison de son âge.

1ᵉʳ EXEMPLE

M D***, arrivé à sa quarante-cinquième année, est parvenu à force de travail et de privations à économiser une somme de 20.000 francs dont il désire tirer le parti le plus avantageux possible.

Un de ses amis lui donne le conseil de placer ce capital à fonds perdus dans une Compagnie d'assurance, avec la condition de ne toucher l'intérêt annuel des cinq premiers mille francs qu'à l'expiration de la dixième année, et ainsi de suite pour les autres, d'année en année, de manière à porter successivement son revenu à la somme totale de 4,056 fr. 38 c.

En adoptant ce mode de placement M. D*** recevra :

1° A cinquante-cinq ans une rente annuelle et viagère de. . . . .   871 fr. 10

2° A cinquante-six ans un surcroît de rente de   959   99

3° A cinquante-sept ans une seconde augmentation de . .   1,057   07

4° A cinquante-huit ans enfin une dernière augmentation de.   1,162   22

Ce qui portera définitivement son revenu à . . . .   4,056 fr. 38

qu'il continuera de toucher chaque année, par semestre, pendant le reste de son existence, tandis que s'il eût voulu entrer en jouissance dès sa quarante-cinquième année, son revenu n'aurait été que de 1,564 fr 80 c., preuve irrécusable de l'avantage de ce mode de placement.

§ 2

Cette combinaison, avons-nous dit, convient aux membres du clergé en général, mais bien plus spécialement encore aux desservants de paroisses, qu'elle délivrerait de toute inquiétude sur leur avenir.

2me EXEMPLE

Admettons qu'un jeune prêtre, âgé de trente-cinq ans, désire obtenir, lorsqu'il sera parvenu à sa soixantième année, une rente annuelle et viagère de 1,000 francs; un versement unique de 2,003 fr. 10 ou une prime annuelle de 147 fr. 60, soit une économie mensuelle de 12 fr. 30 c. suffira pour lui permettre d'atteindre ce résultat et lui assurer ainsi une retraite, sinon brillante, du moins suffisante pour le mettre à l'abri du besoin dans le cas où des infirmités ne lui permettraient plus d'exercer son sacerdoce.

§ 3

La carrière dramatique fournit de nombreux exemples d'une imprévoyance impardonnable. En effet, combien ne voyons-nous pas d'artistes éminents qui touchent des appointements annuels considérables et qui finissent néanmoins par tomber dans le dénûment ! Ne serait-ce pas leur rendre un important service que de les décider à prélever annuellement sur leurs appointements une portion destinée à leur assurer des rentes viagères, soit pour l'époque de leur retraite définitive, soit pour le cas où des infirmités précoces briseraient tout à coup leur avenir ?

3me EXEMPLE

Mlle R***, artiste lyrique fort distinguée, attachée à l'un des principaux théâtres de la province,
avait vingt-cinq ans lorsqu'un de ses amis lui
donna le sage conseil de se faire constituer par
une Compagnie d'assurance quatre rentes viagères de 1.000 francs, échelonnées de cinq en cinq
ans, pour n'entrer en jouissance de la première
qu'après la dixième année.

Mlle R***, suivant le conseil qui lui était donné,
s'adressa à une Compagnie qui prit l'engagement
de lui servir ces rentes à dater des époques désignées jusqu'au jour de son décès, moyennant le
payement annuel d'une prime de 2,259 fr. 50 c.
pendant la première période de dix années, successivement réduite à 1,159 fr. 60 c., à 564 fr. 60
et enfin à 243 fr. 40, pour chacune des trois pé-
riodes quinquennales suivantes.

Par cette combinaison Mlle R*** acquérait la
certitude de toucher un revenu annuel et pro-
gressif qui, à sa cinquantième année, atteindrait
le chiffre de 4.000 francs.

Mlle R*** a d'autant plus lieu de s'applaudir de
sa prévoyance que, forcée par un accident de
quitter le théâtre à quarante ans, elle jouissait
d'une rente de 2,000 francs, n'ayant plus à payer
pendant cinq ans qu'une prime de 564 fr. 60 c.
qui se trouvera enfin réduite à 243 fr. 40 c. pendant les cinq dernières années.

Elle atteindra d'autant plus sûrement le but
qu'elle s'est proposé que les 2.000 francs de rente
ajoutés à ses autres épargnes lui permettront d'effectuer sans gêne le payement des autres annuités restant à courir.

§ 4

Là carrière militaire offre également de fréquents exemples de l'insuffisance des pensions de retraite accordées à ceux qui ont exposé leur vie, et souvent versé leur sang pour la défense de la patrie.

Cette pension est parfois si minime qu'elle impose à MM. les officiers de bien dures privations, à l'âge précisément où ils ont le plus besoin de ressources.

Il en est de même pour les employés du gouvernement, qui, comme MM. les officiers, depuis le grade de sous-lieutenant jusqu'à celui de capitaine, ne jouissent, pendant leur activité de service, que d'un traitement de 1,800 fr. à 3,000 fr., réduit de moitié au moment de leur retraite. Cette réduction leur laisse à peine des moyens d'existence.

Dans les exemples qui suivent, nous ne citons que les moins maltraités; car, parmi les employés, la majeure partie touche une pension de retraite bien plus réduite.

4ᵐᵉ EXEMPLE.

M. F***, officier distingué, a trente-cinq ans : il a lieu d'espérer qu'il pourra, à cinquante-cinq ans, obtenir sa retraite avec un grade supérieur. Cependant il ne se dissimule pas que le chiffre de sa pension différera sensiblement de celui de son traitement d'activité ; mais il espère parvenir à combler ce déficit en s'adressant à une Compagnie d'assurance sur la vie.

Supposons un instant que le traitement d'activité de M. F** s'élève à 4,000 francs, et qu'il se trouve réduit à 2,000 au moment de sa retraite : cette réduction le mettra incontestablement dans la gêne.

Une retenue annuelle de 267 fr., soit 22 fr. 25 c. chaque mois, versée dans les caisses d'une Compagnie, pendant vingt ans, élèverait sa pension à 3,000 francs.

§ 5

Cette combinaison convient plus particulièrement encore aux employés de commerce ou d'administrations privées, pour lesquels il n'existe pas de caisses de retraite. Ils ne devraient pas perdre de vue qu'ils pourraient y suppléer facilement eux-mêmes en s'imposant quelques économies mensuelles, versées dans les caisses des compagnies, par *trimestre*, par *semestre* ou par *année*. Ils se constitueraient ainsi des ressources certaines pour une vieillesse trop souvent anticipée par suite des infirmités résultant de leurs professions.

5me EXEMPLE.

L'employé d'une maison de commerce ou d'une administration privée quelconque, âgé de vingt ans, pourrait, sans difficulté, se créer un minimum de pension de retraite de 600 fr. pour l'âge de cinquante ans, puisqu'il lui suffirait de verser par trimestre une prime de 23 fr. 58 c., soit une économie mensuelle de 7 fr. 86 c. faite sur ses appointements.

§ 6

Il se rencontre quelquefois dans les familles

des *enfants prodigues* qui inspirent à leurs parents de justes craintes sur leur avenir. Ainsi, ceux qui auraient à redouter qu'après leur mort un fils, gaspillant son patrimoine, tombât un jour dans le misère trouveront dans la combinaison qui nous occupe les moyens de dissiper leurs craintes.

6me EXEMPLE.

M. le marquis de C'** et son épouse, propriétaires à L..., se plaignaient un jour, non sans motifs, en présence de leurs amis, des dépenses immodérées de leur plus jeune fils, et témoignaient le crainte qu'une fois en possession de son patrimoine, et après l'avoir follement dissipé, il ne tombât à la charge de ses frères et sœurs.

« Permettez-moi, dit l'un d'entre eux, de vous donner un conseil que je crois être sage. La loi vous accorde la libre disposition d'une portion de votre fortune. Votre fils a vingt ans ; convertissez cette portion en une rente viagère de 3.000 francs que vous lui ferez constituer par une Compagnie, moyennant le versement d'une somme de 15,988 fr. 74 c. ou d'une prime annuelle de 1,276 fr. 20 c. à votre choix ; elle lui servira cette rente dès qu'il aura atteint sa quarantième année. De cette manière, vous serez complétement rassurés sur son avenir.

» Comme je n'ignore pas que vous aimez tous vos enfants avec une égale tendresse, et que vous ne voudriez pas favoriser l'un au détriment des autres, vous ferez vos dispositions de manière à compenser, pour tous, la portion dont vous *aurez disposé en faveur du plus jeune*.

CHAPITRE IV

Constitution de Capitaux et de Rentes.

§ 1

Quoique la rente viagère ne soit généralement adoptée que par les célibataires ou les époux sans postérité, rien ne s'opposerait cependant à ce qu'elle le fût par les pères de famille, en ayant recours à la constitution de capitaux et de rentes.

Cette combinaison, à laquelle les compagnies donnent le nom de CAISSE SPÉCIALE, peut recevoir deux modes d'application.

Ainsi qu'on le verra par les exemples qui vont suivre, les deux combinaisons conviennent à toutes les professions, mais plus particulièrement peut-être aux classes laborieuses, chez lesquelles l'épargne, garantie la plus certaine de bonheur et de moralité, ne peut s'opérer que difficilement et le plus souvent à l'aide des plus sensibles privations.

Dans le premier mode, le capital stipulé au contrat n'est payable que lorsque le décès a lieu pendant une certaine période.

Dans le second, il est payable à quelque époque que le décès arrive.

Naturellement la prime est moins élevée dans le premier cas, dont voici les conditions :

Le souscripteur constitue à la fois une rente viagère pour lui ou un capital pour ses héritiers, moyennant une prime qui varie suivant son âge, le temps de durée du contrat et la double importance de la rente à lui servir et du capital payable à sa famille en cas de décès.

S'il meurt pendant les cinq premières années de son contrat, la compagnie rembourse à sa famille, mais sans intérêt, le montant intégral des primes versées jusqu'au jour du décès.

S'il meurt après les cinq premières années révolues, et avant l'entrée en jouissance de la rente, la Compagnie paye à ses héritiers le capital stipulé au contrat.

Enfin, s'il atteint l'époque déterminée pour le payement de la rente, la Compagnie lui paye cette rente pendant toute la durée de son existence ; mais alors, quand le décès du titulaire survient, la Compagnie n'est plus tenue, vis-à-vis des héritiers, à aucun payement de capital.

1er EXEMPLE.

M. K***, ouvrier typographe à R..., âgé de trente-cinq ans, gagnait en moyenne 5 francs par jour. Parfois sa vue se fatiguait et il prévoyait qu'avant la vieillesse il serait obligé de quitter le travail.

Il cherchait donc le moyen de mettre son avenir à l'abri du besoin, sans être à la charge de personne. Il ne pouvait pas songer à une rente viagère pure et simple, il avait deux enfants. « Si mes enfants étaient ouvriers, disait-il, ils » n'auraient plus besoin de moi ; mais si je ve- » nais à mourir avant qu'ils pussent se tirer » d'affaire, je ne voudrais pas: leur enlever ce » que je puis économiser chaque année. »

Il disait cela un jour devant un directeur d'agence qui lui proposa et lui expliqua la combinaison dont nous venons de parler.

M. K*** comprit sans peine tout l'avantage de l'affaire qui lui était proposée.

Il a souscrit un contrat d'après lequel, moyennant une prime annuelle de 375 fr. 20 c. qu'il paye, la Compagnie s'est engagée de son côté : 1° à lui servir à lui-même une rente viagère de 1,000 fr. au bout de vingt ans, c'est-à-dire lorsqu'il aura cinquante-cinq ans : 2° à rembourser à sa famille les primes versées s'il venait à mourir avant la cinquième année révolue ; et enfin à payer 10,000 fr. à sa veuve et à ses enfants si son décès a lieu avant l'entrée en jouissance de la rente.

A cette époque, comme il le dit, ses enfants n'auront plus besoin de lui, et lui-même ne sera pas à leur charge puisqu'il aura sa rente.

M. K*** existe encore et il paye toujours exactement sa prime. Son contrat a six ans de date, de sorte que désormais, si M. K*** venait à mourir avant d'avoir atteint ses cinquante-cinq ans, la Compagnie payerait une somme de 10,000 francs à sa famille.

Dans le second mode d'application de la CAISSE SPÉCIALE, la prime est plus élevée, mais aussi elle présente des avantages supérieurs, puisque le capital, payable à la mort de l'assuré, devient exigible à partir du jour de la signature du contrat, à quelque époque que survienne le décès, même postérieurement à l'entrée en jouissance de la rente.

§ 2.

Parmi les nombreux industriels avec lesquels nos fonctions nous ont mis en rapport, nous avons rencontré une très-grande sympathie pour ce genre d'opération, et plusieurs familles en ont déjà recueilli les précieux avantages.

2me EXEMPLE.

M. J***, fondeur en cuivre fort habile, père d'une nombreuse famille, cherchait le moyen d'utiliser le plus avantageusement possible quelques économies annuelles, afin de pouvoir se constituer des rentes pour l'époque à laquelle il ne pourrait plus se livrer aux travaux de sa profession.

Comme dans l'exemple que nous avons déjà cité en parlant de la première combinaison, il ne voulait pas recourir à la constitution d'une rente viagère qui, par suite de son décès, eût entraîné la perte totale du capital pour sa veuve et ses enfants. Il ne lui restait donc que la ressource d'un placement ordinaire exigeant toujours un laps d'années considérable pour arriver à un résultat quelque peu important.

Nous eûmes à cette époque occasion de le voir et de lui expliquer le mécanisme de la caisse spéciale.

Séduit par la facilité que lui offrait une semblable combinaison, il n'hésita pas à l'adopter et il préféra le second mode.

M. J*** avait alors trente-cinq ans; il désirait obtenir à cinquante-cinq ans une pension viagère de 1,200 fr., avec la condition que, s'il venait à décéder avant ou après cette époque, la Compagnie payerait à sa famille un capital de 20,000 francs. Ce contrat fut accepté moyennant le versement annuel d'une prime de 959 fr. 44 c., stipulée payable par fractions trimestrielles de 239 fr. 93 c. chacune.

Cette sage prévoyance ne tarda pas à recevoir sa justification ; car M. J*** mourut dans la cours de la seconde année, n'ayant effectué que le versement de deux primes, s'élevant ensemble à 1,919 fr. 86 c. et la famille a touché les 20,000 fr. que lui avait assurés la prévoyance de son chef.

§ 3

MM. les ecclésiastiques devraient recourir avec d'autant plus d'empressement à cette combinaison qu'elle les affranchirait de scrupules honorables qui les arrêtent dans l'intention qu'ils pourraient avoir de se constituer des pensions viagères.

Beaucoup d'entre eux sont retenus par la pensée que la perte du capital à leur décès deviendrait un obstacle à la réalisation du pieux désir de faire des legs en faveur de leur église, de quelque établissement religieux ou de bienfaisance.

3me EXEMPLE.

M. G***, ecclésiastique du docièse de D..., retenu par une semblable considération, avait toujours résisté au désir de se constituer une rente viagère jusqu'au jour où nous lui soumîmes cette combinaison. Convaincu dès lors que rien ne s'opposait plus à la réalisation de ses intentions, il n'hésita pas à contracter une assurance ayant pour but la constitution d'une pension viagère de 1,200 fr., s'il vivait encore à soixante-cinq ans ou à son décès, à quelque époque qu'il eût lieu, un capital de 20,000 fr. qu'il pourra léguer suivant son désir.

M. G***, ayant alors quarante-cinq ans, ce contrat lui fut consenti par la Compagnie, moyennant une prime annuelle de 1,042 fr., effectuée par fractions trimestrielles de 260 fr. 50 c. chacune.

§ 4

Dans un certain nombre de diocèses, une caisse est établie sous la dénomination de caisse diocésaine, dans le but de venir en aide aux ecclésiastiques que des infirmités précoces, ou des besoins urgents, forceraient à y recourir.

Cette caisse ne produit pas tous les avantages qu'elle pourrait produire, et cela tient incontestablement au mode d'administration.

Nous exprimons ici le regret de n'avoir pas vu encore nos évêques recourir aux Compagnies d'assurance comme auxiliaires. Leurs caisses de retraite y trouveraient un grand profit.

Les diverses combinaisons d'assurances sur la vie sont encore insuffisamment connues, et c'est là probablement la seule cause de cette abstention.

La combinaison qui nous occupe en ce moment serait éminemment avantageuse sous tous les rapports à l'institution des caisses diocésaines, destinées tout à la fois à servir des rentes viagères aux prêtres infirmes qui ne peuvent plus continuer leur ministère, et à subvenir à des besoins accidentels et temporaires.

Prenons en effet les prêtres à l'âge de trente ans.

Chacun d'eux, en versant une prime annuelle d'environ 125 francs, ce qui ferait un peu plus de 10 francs par mois, assurerait à son profit :

1o Une rente viagère de 1,000 francs, lorsqu'il aurait atteint l'âge de soixante-cinq ans ;

2o Une somme de 2,000 francs, non compris les bénéfices, qui serait versée dans la caisse diocésaine à l'époque de sa mort, à quelque époque qu'elle arrivât.

Ce minimum de 2,000 francs pourrait être augmenté d'un tiers ou de moitié par suite de la participation aux bénéfices.

Le chef du diocèse resterait toujours souverain appréciateur de l'opportunité du service de la rente au titulaire qui y aurait acquis des droits par le payement de sa prime et par son âge.

La Compagnie payerait la rente en vertu de la justification de l'existence du titulaire, et l'évêque resterait libre de faire de cette rente l'application qui lui paraîtrait le meilleure.

C'est une affaire de rédaction de contrat.

Il pourrait l'abandonner sans retour au titulaire, si celui-ci était hors d'état de continuer son ministère ;

Il pourrait, s'il le jugeait sage, servir la rente à un autre plus jeune, mais atteint d'infirmités précoces;

Ou il pourrait la réserver à la caisse diocésaine pour faire face aux besoins éventuels.

Dans tous les cas, le titulaire n'aurait plus rien

à payer au bout de la trente-cinquième année, et les droits seraient acquis à lui ou à la caisse par son fait :

1o A une rente viagère de 1,000 francs ;

2o A un minimum de 2,000 francs, dans le cas où il viendrait à mourir et à quelque époque qu'arrivât son décès.

Nous recommandons l'examen des observations qui précèdent à toute l'attention de NN. SS. les évêques.

CHAPITRE V

Rentes temporaires

§ 1

Cette combinaison a pour but spécial de fournir au père de famille les moyens de faire face, sans se gêner, aux frais des études universitaires de ses enfants par la création d'une rente annuelle, payable pendant un laps de temps déterminé, mais dans le cas seulement où l'assuré serait vivant à un âge désigné.

§ 2

Beaucoup de familles occupant dans le monde une position élevée se trouvent forcées de proportionner leurs dépenses à la fortune dont elles jouissent ; aussi voit-on souvent la gêne se faire sentir au moment où doit commencer l'éducation des enfants. Une minime économie, prélevée sur les dépenses annuelles, donnerait à un père prévoyant la facilité de faire face à ces frais.

1ᵉʳ EXEMPLE.

M. C***, quoique ayant une modeste fortune, désirait assurer à son fils, qui venait de naître, une rente annuelle de 500 francs, destinée à pourvoir aux frais de ses études classiques.

Il s'est adressé à une Compagnie à laquelle il a payé pendant neuf ans une prime annuelle de 262 fr. 10 c., soit 21 fr. 84 c. par mois.

Le fils a aujourd'hui quinze ans, et depuis six ans la Compagnie paye à M. C*** une rente annuelle de 500 francs; elle les payera encore pendant trois ans, l'éducation de son fils sera terminée et elle aura coûté à M. C*** moitié moins que s'il n'eût pas fait son assurance.

Il aurait atteint le même but en payant une prime unique de 1,777 fr. 25 c.

2ᵐᵉ EXEMPLE.

M. L*** avait eu un fils à la même époque. Sa position de fortune lui permettait de faire face aux frais occasionnés par les études secondaires. Mais les dépenses de l'enseignement supérieur sont bien plus considérables. M. L*** voulait obtenir pour son fils, à l'époque où commencent ces études, une rente temporaire de 2,000 francs.

Il a fait un contrat d'après lequel il paye une prime annuelle de 279 fr. 60 c., jusqu'à ce que son fils ait atteint l'âge de dix-huit ans accomplis. A partir de cette époque, la Compagnie lui payera une rente annuelle de 2,000 francs jusqu'à ce que son fils ait atteint l'âge de 23 ans accomplis.

De cette façon, M. L*** aura pu donner à son

fils une éducation complète, sans être arrêté au dernier moment par la considération d'une dépense annuelle trop considérable. Cette dépense, c'est la Compagnie qui la payera en son lieu et place.

Il aurait obtenu le même résultat en payant une fois pour toutes, à la naissance de son fils, une prime unique de 2,920 fr. 20.

CHAPITRE VI

Assurances de Capitaux différés.

§ 1er

Cette combinaison offre à l'homme prévoyant la possibilité de se procurer le capital dont il aura besoin, soit pour établir ou doter ses enfants, soit pour l'appliquer au remplacement militaire. Plus ces derniers seront jeunes, plus l'époque du remboursement sera éloignée, moins les sommes à débourser seront importantes.

1er EXEMPLE.

M. F***, marié depuis plusieurs années, s'attristait de n'avoir pas encore d'enfants, lorsque ses vœux furent comblés par la naissance d'un fils, sur l'avenir duquel il fonde déjà les plus brillantes espérances.

Il est convaincu d'avance que le moyen le plus sûr de les réaliser est de recourir à une Compagnie d'assurance, qui lui garantira un capital de 25,000 francs, pour faciliter un établissement convenable à son fils, lorsqu'il aura atteint sa vingt-cinquième année.

Supposons que M. L*** réalise immédiatement sa résolution, il obtiendra cette certitude moyennant le versement d'une prime annuelle de 447 fr. 50 c.

2me EXEMPLE.

M. S*** a également un fils nouveau-né, que le sort peut désigner pour faire partie de l'armée lorsqu'il aura atteint sa vingt et unième année. Quoique peu fortuné, M. S*** désire cependant, dès aujourd'hui, se mettre en mesure de parer à cette fâcheuse éventualité. Il sait qu'une somme de 2,500 à 3,000 francs lui sera nécessaire pour le rachat de son fils ; il peut donc, dans cette prévision, s'adresser à une Compagnie qui lui garantira l'une ou l'autre de ces deux sommes, moyennant le versement de vingt primes annuelles de 57 fr. 30 c. pour la première, ou de 67 fr. 86 c. pour la seconde.

Il est bien entendu que, lors même que l'enfant ne tomberait pas au sort, ou qu'il serait réformé, M. S*** n'en recevrait pas moins la somme dont il disposerait à sa volonté.

3me EXEMPLE.

M. C*** a deux enfants, un fils âgé d'un an et une fille qui vient de naître. Il désirerait obtenir pour chacun d'eux un capital de 6,000 francs, payable : au premier à vingt et un ans révolus, à 'a seconde à l'accomplissement de sa dix-huitième année.

Une prime annuelle de 153 fr. 12 c. pour l'un et de 177 fr. 28 c. pour l'autre lui garantira

ce résultat. Ainsi, moyennant une somme annuelle de 330 fr. 40 c.. soit 0 fr. 82 c. par jour,
M. C*** se trouvera à même de donner 6,000 fr.
à chacun de ses enfants.

§ 2

Ce genre d'opération peut également avoir lieu
sur deux têtes ; dans ce dernier cas, elle offre le
moyen d'obtenir un capital déterminé, à la ma-
jorité d'un enfant (vingt et un ans), moyennant
le payement annuel d'une prime, exigible seulement pendant l'existence simultanée de l'enfant et du constituant.

Contrairement aux opérations précédentes,
dans lesquelles le père de famille reste constamment sous l'impression de la crainte que la mort
vienne interrompre ses versements annuels,
celle-ci ne lui offre que des chances favorables,
puisque la Compagnie contractante prend l'engagement de payer les sommes stipulées dans le
contrat dès que l'enfant aura atteint sa vingt et
unième année, la mort du constituant eût-elle
interrompu le versement des primes le lendemain même du payement de la première.

Quelques exemples rendront facile l'intelligence de ces deux combinaisons.

4ᵐᵉ EXEMPLE.

M. B*** a un fils auquel il voudrait bien pouvoir assurer un capital de 15,000 francs pour le
moment où il accomplira sa vingt et unième année. M. B*** a un emploi, il est vrai, qui lui permet, sans s'imposer trop de gêne, de payer la

prime nécessaire pour obtenir ce résultat ; mais il est arrêté par la crainte qu'une mort prématurée l'enlève à sa famille, et qu'en la privant par cela même des ressources que lui procure son emploi elle ne soit plus en position de continuer le payement des primes ultérieures.

En recourant à la combinaison de l'assurance sur deux têtes, il ne devra plus hésiter à souscrire son contrat, puisque sa mort, arrivât-elle le lendemain même du payement de la première annuité, la somme n'en serait pas moins payée à l'expiration du contrat si l'enfant est vivant, malgré la cessation du versement des primes.

Supposons que M. B*** ait trente ans et son fils un an, une prime annuelle de 538 fr. 50 c., cessant à son décès, suffirait pour obtenir ce résultat.

CHAPITRE VII

Assurances mixtes

§ 1

Ces opérations tiennent à la fois de l'assurance en cas de vie et de l'assurance en cas de mort, puisque le capital est toujours exigible, que l'assuré vive jusqu'à l'époque de l'expiration du contrat, ou qu'il meure pendant son cours, fût-ce le lendemain même du payement de la première annuité.

Le souscripteur peut à son gré stipuler que le capital garanti par la Compagnie sera exigible soit immédiatement après son décès, soit seulement à l'expiration de la durée de son contrat, quoique le décès fasse cesser le payement des primes.

Dans le premier cas, l'opération s'appelle simplement *assurance mixte ;* dans le second, *assurance mixte à terme fixe.*

§ 2

La première combinaison convient à toute personne qui désire toucher un capital à un âge donné, tout en assurant ce même capital à ses héritiers immédiatement après son décès, s'il avait lieu avant qu'elle ait atteint l'âge désigné.

La seconde convient à tout père de famille qui prévoit des besoins pour lui ou pour ses enfants, mais seulement après un certain nombre d'années.

En recourant à une semblable combinaison, le souscripteur, qu'il vive ou qu'il meure, acquiert la certitude d'atteindre le but qu'il se propose.

1er EXEMPLE.

M. R***, peintre en fleurs à L..., est le seul soutien d'un père et d'une mère déjà avancés en âge, et d'une sœur dont il désire assurer l'avenir. Son talent éminent le met à même de pourvoir largement à leurs besoins et lui permet encore de réaliser quelques économies qu'il désire faire fructifier le plus avantageusement possible pour l'époque où il ne pourra plus exercer sa profession.

M. R***, qui a aujourd'hui quarante ans, comprend parfaitement qu'une vingtaine d'années lui sont encore indispensables pour assurer son avenir. Néanmoins, il ne se dissimule pas que la mort peut à la fois entraver ses projets et plonger dans la gêne les objets de ses plus chères affections.

M. R***, en recourant à la combinaison d'assurance mixte, s'est assuré pour lui-même, s'il vit à soixante ans, un capital de 50,000 francs et garantit sa famille contre l'éventualité malheureuse qu'entraînerait pour elle sa mort prématurée, puisque la Compagnie lui verserait les 50,000 francs au jour du décès, eût-il lieu le lendemain même du payement de la première annuité s'élevant à 2,245 francs, soit l'intérêt annuel à 4 fr. 49 c. p. 100 de la somme garantie.

Cette prime n'eût été que de 1,910 fr. si le payement du capital n'avait été exigible qu'à l'expiration de la vingtième année, lors même que le décès fût survenu pendant le cours du contrat.

2me EXEMPLE.

Mlle E***, artiste dramatique d'un grand talent, a encore sa mère et deux jeunes sœurs, aux besoins desquelles elle subvient facilement avec les bénéfices assez considérables que lui donne sa profession, bénéfices qui, ses dépenses prélevées, lui donnent encore la latitude de réaliser des économies assez importantes.

Comme elle ne se dissimule pas qu'un événement imprévu peut l'arrêter dans sa carrière, elle eût pu, en ne pensant qu'à son avenir personnel, s'adresser à une Compagnie pour se constituer, dans vingt-cinq ans, une rente viagère ; mais soucieuse de l'avenir de sa mère et de ses sœurs qui, en la perdant, perdraient en même temps le capital, elle donne la préférence à une combinaison mixte dans laquelle, soit qu'elle vive jusqu'à cette époque, soit qu'elle meure avant, la Compagnie versera le capital fixé, à elle-même dans le premier cas, ou à ses héritiers dans le dernier.

Mlle E*** a aujourd'hui vingt-cinq ans, le capital qu'elle désire obtenir à sa cinquantième année, ou laisser à ses héritiers au jour de son décès, étant de 60,000 francs, la prime annuelle qu'elle paye à la Compagnie s'élève à **2,016 fr.**

Si ce capital n'eût été exigible qu'à l'expiration du contrat, lors même que le décès eût eu lieu pendant son cours, la prime ne se fût élevée annuellement qu'à **1,662 francs.**

CHAPITRE VIII

Participation accordée par les Compagnies, dans leurs bénéfices, aux assurés de certaines catégories.

§ 1er

Les capitaux garantis par toute police d'assurance *en cas de mort, mixtes* ou *pour la vie entière,* ne sont que le minimum de ceux que doivent recevoir les ayant droit.

Comme la participation accordée par les Compagnies est fixée à 50 p. 100 des bénéfices qu'elles réalisent dans cette catégorie d'assurances, chaque assuré peut avoir la certitude de recevoir des sommes supérieures à celles stipulées dans son contrat.

Les répartitions déjà opérées par les Compagnies ont réduit le capital à verser dans une proportion de 30 p. 100 et laissent par conséquent aux souscripteurs l'espoir de se voir complétement affranchis du payement de leurs primes dans une période d'années assez courte.

Ces répartitions ont généralement lieu tous les

trois ans, et la part revenant à chaque ayant droit
peut être immédiatement touchée par lui, ou
laissée à la Compagnie qui, dans ce cas, en fait
l'application au choix de l'assuré, soit au dégrèvement proportionnel du chiffre de la prime à
payer, soit à l'augmentation du capital à payer
à ses héritiers au jour de son décès.

CHAPITRE IX

Des Garanties offertes par les Compagnies.

§ 1er

Nous pensons que le développement peu rapide de ces institutions est dû à deux causes : la première, c'est que le public n'est pas suffisamment initié à la connaissance des avantages qui résultent pour lui de leurs combinaisons multiples ; la seconde, c'est qu'il manque de confiance dans les Compagnies d'assurance sur la vie et ne se rend pas compte des incontestables garanties qu'elles lui présentent.

Les Compagnies anonymes d'assurance sur la vie, à primes fixes, sont autorisées en France par le Gouvernement qui, avant de leur accorder cette autorisation, les subordonne à la justification préalable de certaines garanties réclamées par la sécurité publique. Ces garanties consistent :

1o Dans la constitution d'un fonds social important, affecté à la garantie de leurs engagements ;

2o Dans l'emploi de leurs capitaux soit en bons

du trésor, en bons publics français émis en garantie par l'Etat, soit en actions de la Banque de France, en obligations émises avec l'autorisation du Gouvernement par les départements ou les communes, soit en obligations de chemins de fer, du Crédit foncier de France, de la ville de Paris ou de toutes autres entreprises auxquelles l'Etat garantit un minimum d'intérêts, soit en prêts simples ou viagers sur hypothèques ou sur les valeurs indiquées ci-dessus, ou en acquisitions d'immeubles. Toute spéculation hasardeuse leur est formellement interdite, sous peine de retrait immédiat de l'autorisation.

Chaque Compagnie est administrée par un Conseil composé d'un nombre déterminé de membres nommés par l'assemblée générale des actionnaires. Ce Conseil, qui se réunit habituellement plusieurs fois par mois, délègue ses pouvoirs à un Comité de direction choisi dans son sein pour surveiller les opérations courantes de la Compagnie, et désigne un des membres, à tour de rôle, pour être chaque jour de service.

Les Compagnies sont tenues de remettre tous les mois un extrait de leur état de situation au ministre du commerce, de l'agriculture et des travaux publics, au préfet du département de la Seine, au préfet de police, à la chambre du commerce, au greffe du tribunal de la Seine.

Entourées d'autant de garanties, les Compagnies anonymes d'assurance sur la vie à primes fixes méritent assurément la confiance illimitée du public, qui peut sans crainte leur verser des capitaux qu'elles lui rendront avec usure au moment du besoin.

Nous nous estimerions heureux si ces notions

sur les assurances sur la vie atteignaient le double but que nous nous sommes proposé en les écrivant : initier le public dans la multiplicité et l'application de leurs combinaisons et aider les Compagnies dans la propagation d'une institution de prévoyance si féconde en résultats avantageux et à laquelle tout homme désireux d'assurer son avenir, et soucieux de celui de sa famille, doit recourir dans la mesure de ses moyens.

Angers. — Imp. J. Lemesle et Méhouas. — 6-66.

RECHERCHES

SUR

LES LUXATIONS CONGÉNITALES.

ONZIÈME MÉMOIRE

SUR LES DIFFORMITÉS DU SYSTÈME OSSEUX.

RECHERCHES

SUR

LES LUXATIONS CONGÉNITALES;

EXPOSÉES

DANS LES CONFÉRENCES CLINIQUES DU 29 JANVIER ET DU 3 FÉVRIER 1841,

A L'HÔPITAL DES ENFANS MALADES;

PAR

LE DOCTEUR JULES GUÉRIN,

DIRECTEUR DE L'INSTITUT ORTHOPÉDIQUE DE LA MUETTE, CHARGÉ DU SERVICE SPÉCIAL
DES DIFFORMITÉS A L'HOPITAL DES ENFANS MALADES DE PARIS.

PARIS,

AU BUREAU DE LA GAZETTE MÉDICALE,

RUE RACINE, N° 16, PRÈS DE L'ODÉON.

1841.

IMPRIMERIE ET LITHOGRAPHIE DE FÉLIX MALTESTE ET Cⁱᵉ,

18, rue des Deux-Portes-St-Sauveur.

AVERTISSEMENT.

———

Je suis obligé de répéter en tête de ces recherches sur les *luxations congénitales* ce que j'ai écrit en publiant mes précédens mémoires sur l'*étiologie du pied-bot*, du *torticolis*, des *déviations de l'épine*, etc. J'ai montré successivement que toutes ces difformités, considérées jusqu'alors comme autant de faits étrangers l'un à l'autre, comme autant de produits différens de causes entièrement distinctes, ne sont, au contraire, que des dépendances variées d'un seul et même fait, des résultats d'une seule et même cause. Cette vérité, établie pour la première fois dans mon grand travail envoyé à l'Académie des sciences au mois de mars 1836, et reproduite explicitement dans le rapport de l'Académie (1) avec des preuves de fait et des développemens suffisans pour ne laisser aucun doute sur son origine et le point de départ de ses applications, est devenue, en très peu de temps, presque vulgaire, et, par conséquent, la propriété de tout le monde. Je ne m'en préoccupe pas trop ; tout inventeur ne doit aspirer à l'honneur de voir ses idées acceptées et appliquées par d'autres, qu'à la condition de céder à chaque applicateur une partie de sa découverte. C'est là un compromis qu'il faut qu'il accepte bon gré mal gré, comme une sorte de courtage aux charges duquel il est obligé de souscrire. Or, quand tout le monde consent à être le promoteur d'une idée, elle court grand risque, quelque neuve, quelque féconde, quelque générale qu'elle soit, et peut-être même, en raison de sa nouveauté, de sa fécondité et de sa généralité, de perdre bientôt les traits de sa physionomie native ; comme les monnaies usuelles laissent aux doigts de tous ceux qui les touchent quelques parcelles imperceptibles de leur surface, et finissent, à force de passer de main en main, par ne conserver plus aucune trace de leur millésime et de leur effigie. Mais pour échapper aux effets de cette loi commune de déseffigiation des idées, on peut faire pour elles ce que l'on fait pour les monnaies ; c'est-à-dire rappeler et perpétuer, par un renouvellement continuel d'épreuves, les caractères et l'originalité du type primitif. A l'aide de cette précaution, j'ai l'espoir de con-

____

(1) Rapport sur le concours du grand prix de chirurgie, 1837, p. 20.

server à ma théorie des difformités son caractère d'originalité et de généralité, qu'on s'efforce de lui faire perdre à
chaque application, c'est-à-dire à chaque morcellement
qu'on lui fait subir.

Si ma théorie des difformités n'avait été que spéculative,
si elle était restée à l'état de conception scientifique, on lui
aurait peut-être laissé le temps de se développer et de s'établir sans trouble ni empêchement. Mais le fait de la rétraction musculaire qui lui sert de base s'est immédiatement
traduit en applications thérapeutiques : il est la raison et
l'ame de la ténotomie généralisée. Or ceux qui voulaient
s'approprier quelques applications de la formule thérapeutique déduite de ma théorie, ne pouvaient s'empêcher, sous
peine de reconnaître l'origine de ces applications, de s'approprier en même temps les termes correspondans de la
formule étiologique ; et l'on sait que les personnes qui vivent d'emprunts sont plutôt disposées à en faire deux qu'un.
C'est ce qui s'est vu tout récemment. Mais ces prétentions
n'ont qu'un temps, le temps des rivalités et des mauvais
vouloirs contemporains. L'histoire mesurera, pesera, ju-
gera les choses, non pas au gré des prétentions de chacun,
mais sous l'inspiration des droits imprescriptibles de la
vérité. C'est dans cette conviction que j'assiste chaque
jour presque avec indifférence au démembrement de mes
idées, et que je reproduis patiemment celles qu'on s'arrache
de toute part et qu'on espère s'approprier parce qu'on en
défigure l'origine.

Ne pouvant suffire à la publication de toutes les conséquences théoriques et pratiques que j'ai déjà tirées de ma
théorie, j'ai dû procéder suivant leur importance et leur
degré de maturité. J'ai commencé par le *pied-bot* et toutes
ses *variétés;* puis est venu le *torticolis*, puis les *déviations
de l'épine;* viennent aujourd'hui les *luxations, sub-luxations* et *pseudo-luxations congénitales,* et parallèlement les
applications ténotomiques et *myotomiques* qui y correspondent. J'avais regardé ces applications comme les plus importantes, parce qu'elles sont les plus générales, les plus
variées et les plus difficiles, et je m'en suis occupé d'abord.
Mais pendant que je donnais à la réalisation de ces applications tout le temps et les recherches dont elles avaient
besoin pour être définitivement établies et acceptées, je si-
gnalais plus rapidement les autres, remettant à une époque
ultérieure de m'y arrêter comme elles le méritaient. Je
n'étais donc pas tellement discret à l'égard de ces dernières que je ne les indiquasse au moins provisoirement, et
que je ne les réalisasse en partie dans ma pratique. Cette
manière de procéder ne m'a pas entièrement réussi. Parmi
les déductions de ma théorie que j'avais explicitement pré-
vues et proposées, il en est qu'on ne m'a pas permis de mû-
rir : le succès qu'elles ont obtenu a encouragé leurs auteurs
à les détacher entièrement de leur souche commune, et à
les présenter comme des produits directs de leur inven-
tion. A ce compte, il n'y a pas de raison pour qu'à chaque
rétraction de muscle, à chaque difformité réalisée par cette

rétraction, et à chaque coup de bistouri donné pour y remédier, on ne s'attribue le mérite d'une théorie et d'une méthode nouvelles. Mais cette prétention, à force d'être reproduite, à force d'être exagérée, ne servira qu'à montrer mieux son peu de fondement. Quand on se sera convaincu que la rétraction des muscles de l'œil n'est pas différente de la rétraction des muscles de la jambe; que celle des muscles du gosier ou de la langue est la même que la rétraction des muscles de l'épine; que la rétraction des muscles de l'abdomen, de l'anus ou de la verge, est la même que celle des muscles de la hanche placés un peu en deçà ou au-delà; et quand il sera enfin démontré qu'on peut bien, sans effort d'imagination, diviser tous les muscles, comme nous avions divisé précédemment les muscles du col, du dos, de la hanche, du genou et du pied, peut-être alors se demandera-t-on d'où viennent la théorie et la méthode qui ont conduit à toutes ces applications particulières. Ce moment de réveil arrivera, car ceux qui se servent aujourd'hui de ma théorie et de ma méthode auront peut-être aussi la velléité de revendiquer à leur profit tout ou partie des applications qu'on aura faites après eux, et c'est alors seulement qu'on réglera les comptes de chacun, et que les premiers comme les derniers devront bien reconnaître l'origine et la filiation de leurs prétendues découvertes. C'est pour cette époque de réaction et de justice que j'assure et reproduis mes titres.

Or, mes titres, je le répète, sont, pour la théorie générale, le rapport textuel de l'Académie des sciences (1) et tous les écrits que j'ai publiés comme développemens de cette théorie; pour la méthode thérapeutique que j'avais généralisée *à priori* comme conséquence naturelle de ma généralisation étiologique, mes titres se trouvent implicitement formulés dans le principe général que j'ai répéte à l'occasion de chaque mémoire, à savoir : *qu'il faut faire la section sous-cutanée de tous les muscles rétractés*, et explicitement, dans des applications réalisées expérimentalement, et constatées avec leurs dates précises pour les difformités les plus importantes, par des paquets cachetés déposés à l'Académie des sciences. Comme on le voit, je ne m'en suis pas tenu aux formules synthétiques que j'avais primitivement données, parce qu'elles sont susceptibles d'être contestées par les esprits qui ne comprennent pas ou ne veulent pas comprendre la valeur d'un principe général. Voici, pour les luxations, sub-luxations et pseudo-luxations congénitales, et l'application de la myotomie au traitement de ces difformités, une lettre, et le contenu d'un paquet cacheté déposé à l'Académie des sciences le 28 octobre 1839, et dont j'ai demandé l'ouverture le 20 janvier 1840.

----

(1) Voir le rapport sur le concours du grand prix de chirurgie, 1837, p. 20.

LETTRE

ADRESSÉE A M. LE PRÉSIDENT DE L'ACADÉMIE DES SCIENCES,

LE 20 JANVIER 1840.

Ayant été obligé d'exposer et d'appliquer publiquement dans mes Conférences cliniques sur les difformités du système osseux, des idées et une méthode de traitement que je crois nouvelles, relatives à l'origine et à la cure des difformités congénitales de la hanche, j'ai l'honneur de vous prier de communiquer à l'Académie le contenu d'un paquet cacheté dont elle a bien voulu recevoir le dépôt le 28 octobre 1839.

CONTENU DU PAQUET CACHETÉ :

ÉTIOLOGIE ESSENTIELLE,

VARIÉTÉS ANATOMIQUES ET TRAITEMENT CHIRURGICAL

DES

LUXATIONS ET PSEUDO-LUXATIONS CONGÉNITALES DU FÉMUR.

« J'ai établi dans mon HISTOIRE DES DIFFORMITÉS DU SYSTÈME OSSEUX, adressé au concours de l'Académie pour le grand prix de chirurgie, que le plus grand nombre des difformités articulaires congénitales sont le produit de la rétraction musculaire primitive : j'avais déjà compris dans cette formule générale les luxations congénitales du fémur, ainsi qu'il résulte du rapport de la commission de l'Académie sur mes travaux. Depuis cette époque, j'ai confirmé et développé cette étiologie des difformités congéniales de la hanche, et j'ai été conduit, par extension analogique, à leur appliquer le traitement chirurgical que j'ai appliqué aux difformités du pied, du genou, du col et de l'épine de même origine. Voici les conclusions du travail développé que je compte présenter à l'Académie sur cet ordre de difformités :

» 1° Les luxations congénitales du fémur sont, comme le pied-bot, le torticolis et les déviations de l'épine, le produit de la rétraction musculaire primitive, et les variétés de cette luxation, considérées sous le rapport de leur siége, de leur direction et de leur degré, le produit de la rétraction musculaire différemment distribuée et de ses élémens différemment combinés dans les muscles du bassin et de la cuisse.

» 2° Il existe un ordre de difformités congénitales de la hanche, qui n'avait été indiqué par aucun auteur, difformités que j'ai appelées *pseudo-luxations*, parce qu'elles offrent l'apparence trompeuse des luxations sans sortie de la tête du fémur de la cavité cotyloïde ; les variétés de ces pseudo-luxations sont elles-mêmes le résultat de la rétraction musculaire différemment distribuée dans les muscles pelvi-fémoraux.

» 3° Le traitement essentiel, efficace de ces difformités, indépendamment des moyens déjà connus, et qu'il faut conserver dans la limite de leur utilité relative, doit consister dans la section des muscles rétractés. J'ai déjà fait cette opération trois fois avec succès : la première fois, le 26 novembre 1838, sur une petite fille qui m'a été confiée par M. le docteur Gaulier, de Thoiry (Seine-et-Oise), et dont la difformité avait été constatée par MM. les docteurs J. Cloquet et Mayor, de Lausanne. Les deux autres opérations ont été pratiquées il y a quatre et deux mois. »

« Après cette communication, je serai heureux que M. le secrétaire perpétuel veuille bien ajouter les détails suivans : »

« Les luxations et pseudo-luxations congéniales, autres que celles de la hanche, reconnaissent également pour origine, dans le plus grand nombre des cas, la rétraction musculaire primitive, considérée dans ses trois modes particuliers, raccourcissement, paralysie et arrêt de développement consécutif des muscles rétractés; et les différentes variétés de ces difformités sont, comme celles du cou, de l'épine et du pied, le produit de la rétraction, différemment distribuée dans les muscles de ces parties. J'ai fait il y a trois semaines, à l'hôpital des Enfans, chez une jeune fille de quatorze ans, la section des muscles biceps, demi-tendineux, demi-membraneux et droit interne, pour deux luxations incomplètes du genou, produites par la rétraction primitive de ces muscles; il y avait des deux côtés sub-luxation des tibias en arrière sur les condyles du fémur, rotation de la jambe d'un quart de cercle en dehors, et inclinaison en dehors de cette dernière sur le fémur, de 60 degrés environ. La rotation en dehors, l'inclinaison latérale, et le glissement en arrière des tibias, ont pu, dès le lendemain de l'opération, être ramenés à la simple flexion normale de la jambe sur la cuisse, et, depuis cette époque, il ne reste des deux difformités qu'un certain degré de flexion permanente de l'articulation. J'ai en ce moment à l'hôpital un nouvel exemple de luxation congénitale double des fémurs, que je me propose de traiter par la section des muscles rétractés : j'aurai l'honneur de communiquer à l'Académie le résultat de cette nouvelle tentative. Je crois devoir faire observer, en terminant, que la section des muscles dans cette difformité n'a pas pour objet de faire disparaître des obstacles *accidentels* à la réduction, comme cela peut avoir lieu dans les luxations traumatiques, mais de s'adresser à la *cause mécanique* de ces lésions, et d'établir pour leur traitement une *règle nouvelle*, pareille à celle que je crois avoir concouru à établir pour le *pied-bot*, le *torticolis*, et plus récemment pour les *déviations de l'épine*. »

« Pour rassurer immédiatement les personnes qui ne seraient pas convaincues de l'innocuité des opérations pratiquées sous la peau, hors du contact de l'air, j'ajouterai que j'ai fait le même jour, et sans désemparer, chez la jeune fille de quatorze ans dont il a été question dans cette lettre, la section sous-cutanée de treize muscles ou tendons, pour remédier à diverses difformités dont elle était atteinte ; dès

le lendemain, la malade n'éprouvait aucune espèce de douleur, ni de malaise, ni symptôme d'inflammation quelconque
dans le siége des muscles divisés. Ces faits ont été constatés publiquement à la clinique des difformités de l'hôpital
des Enfans. »

RECHERCHES

SUR

LES LUXATIONS CONGÉNITALES [1].

J'ai annoncé que je suspendrais pour deux séances le sujet auquel j'ai consacré les conférences de cette année, l'histoire des DÉVIATIONS DE L'ÉPINE, pour m'occuper des LUXATIONS CONGÉNITALES. Je vous dois compte des motifs de cette interversion. Il a été donné, parmi les sujets de thèse du concours actuellement ouvert à la Faculté de médecine, la question des LUXATIONS CONGÉNITALES. Cette question a fait longtemps l'objet de mes recherches; et, par le peu de mots que je vous en ai dits à propos des cas qui se sont présentés dans le service et à la consultation, vous savez que je rattache les luxations congénitales, comme toutes les difformités articulaires congénitales, à la même théorie et à une seule et même cause. Or, mes idées, en ce qui concerne spécialement les luxations congénitales, n'ayant encore été exposées nulle part avec les détails qu'elles exigent pour être suffisamment comprises, j'ai cru devoir, à l'occasion d'une circonstance où elles seront nécessaire-

---

(1) Nous avons conservé à l'exposition de ces recherches la forme sous laquelle nous les avons présentées.

2

ment examinées, leur donner quelques développemens qui empêchassent de les juger sans les connaître. Je crois devoir vous faire remarquer de prime abord que la date de leur première apparition dans la science n'est pas aussi récente que pourrait le faire croire le silence de certains auteurs qui se sont occupés de cette matière. Ainsi, deux rapports, qui ont été faits il y a peu de temps à l'Académie de médecine, sur plusieurs cas de luxations congénitales, et dont l'un a donné lieu à une longue discussion sur la matière, ne mentionnent même pas les idées et les faits que j'avais fait connaître il y a déjà quatre ans, idées et faits qui se trouvent explicitement indiqués dans le rapport de l'Académie des sciences sur les ouvrages envoyés au concours pour le grand prix de chirurgie, ouvert en 1832, 1834 et 1836. Cette remarque n'est pas une réclamation; car je pouvais mieux la placer, si j'en avais eu l'intention, à l'époque des rapports et de la discussion que je viens de rappeler. Je ne veux par là que prévenir des objections contre la date que j'assigne à mes idées, et montrer en même temps qu'il m'importait assez peu qu'on en tînt compte avant que j'eusse publié les vues et les faits sur lesquels elles reposent. Il n'en est pas de même aujourd'hui. Il y a un temps de maturité pour toute chose. Mes recherches et mes idées sur les difformités congénitales autres que les luxations sont maintenant connues de tous; elles éveillent naturellement les conséquences et les applications dont elles sont susceptibles : et parmi ces dernières, on peut compter leur application aux luxations congénitales. Or, pour ne pas laisser à d'autres le soin de faire ces applications, et surtout pour ne pas les laisser incomplètes ou inexactes, j'ai cru devoir vous les exposer dans les conférences qui vont suivre.

Je diviserai ce que j'ai à vous exposer sur les luxations congénitales en deux parties, l'une *théorique* ou *scientifique*, comprenant l'étiologie, l'histoire topographique et le mécanisme de production de ces luxations; l'autre, *pratique*, comprenant l'exposition de toutes les circonstances pathologiques relatives à la réductibilité des luxations, et l'indication des moyens propres à préparer, effectuer, consolider, ou suppléer la réduction de ces luxations.

PREMIÈRE PARTIE.

Partie scientifique.

Dans la première partie de ces conférences, je me propose d'établir :

1° Que les luxations congénitales sont, comme les autres difformités articulaires de même origine, le produit de la rétraction musculaire active ou primitive, considérée dans ses différens modes et ses différens degrés. J'appelle modes de la rétraction les états variés par lesquels un muscle peut passer depuis la contracture jusqu'à la paralysie, c'est-à-dire l'état de contracture simple ou raccourcissement spasmodique du muscle, l'état de contracture paralytique qui n'est qu'un degré plus avancé de la contracture, et dans lequel la contractilité volontaire est plus ou moins anéantie; et enfin la résolution paralytique, dans laquelle le muscle est relâché et tout-à-fait privé de mouvemens volontaires. La contracture et la rétraction sont donc deux états différens. Dans la contracture, le raccourcissement et l'état spasmodique sont simultanés, le premier subordonné au second. Aussi longtemps dure l'un, aussi longtemps dure l'autre. Dans la rétraction, l'état spasmodique a disparu, le raccourcissement est resté. La contracture, c'est la contraction pathologique, c'est le simple plissement des fibres musculaires qu'on peut plus ou moins faire cesser , soit indirectement en combattant l'état spasmodique qui le produit, soit directement par les moyens mécaniques. La rétraction, c'est l'état du muscle contracturé guéri, mais resté court et offrant des altérations propres de texture subordonnées à des conditions que j'ai indiquées et développées ailleurs.

2° Que toutes les variétés de luxations congénitales sont, comme les variétés des autres difformités articulaires, le produit de la rétraction ou de la contracture paralytique, différemment distribuées et combinées dans les muscles qui desservent les articulations.

3° Que les luxations congénitales peûvent occuper successivement ou simultanément toutes les articulations du squelette, depuis celles de la mâchoire inférieure jusqu'à celles des os du pied.

4° Que la marche et le développement de ces luxations sont soumis aux mêmes causes auxiliaires ou accessoires que le pied-bot, la déviation de l'épine, le torticolis, etc., c'est-à-dire à l'arrêt de développement du muscle rétracté, à la contraction physiologique, et à l'action verticale de la pesanteur.

5° Que les luxations congénitales offrent, indépendamment des caractères mécaniques propres à chacune d'elles et différens pour chaque articulation, des caractères spécifiques locaux et généraux qui sont communs à toutes, et qui répètent ceux des autres difformités articulaires congénitales.

6° Que la thérapeutique des luxations congénitales doit comprendre un ensemble de moyens corrélatifs aux différens élémens étiologiques qui président à leur développement, et notamment la section sous-cutanée des muscles rétractés, et l'adjonction des moyens propres à préparer, à effectuer et à consolider la réduction de ces luxations.

§ Ier.

LES LUXATIONS CONGÉNITALES SONT, COMME LE PIED-BOT, LE TORTI-COLIS, LES DÉVIATIONS DE L'ÉPINE, LE PRODUIT DE LA RÉTRACTION MUSCULAIRE ACTIVE CONSIDÉRÉE DANS SES DIFFÉRENS MODES ET SES DIFFÉRENS DEGRÉS.

Cette théorie de l'origine des luxations congénitales peut être démontrée à l'aide de la formule qui m'a déjà servi à établir l'origine des autres difformités articulaires, et comprenant: 1° les faits qui établissent l'existence de la cause éloignée, c'est-à-dire de la lésion du système nerveux; 2° ceux qui établissent l'existence de la cause prochaine, c'est-à-dire de la rétraction musculaire active; 3° ceux qui établissent la relation de la cause éloignée avec la cause prochaine, c'est-à-dire de la lésion nerveuse avec la rétraction musculaire ; 4° enfin, ceux qui établissent la relation de la cause prochaine avec la difformité, c'est-à-dire de la rétraction avec les luxations.

L'observation de certains monstres nous présente, d'une manière frappante, la réunion de ces quatre ordres de faits , c'est-à-dire qu'on y observe tout à la fois une lésion matérielle des centres nerveux, la rétraction de la totalité ou de la plus grande partie du système musculaire, et des luxations concomitantes ; un rapport rigoureux entre le siége, l'étendue et le degré de la lésion nerveuse et le siége, l'étendue et le degré de la rétraction ; et enfin, un rapport de direction, d'étendue et de degré entre cette rétraction et les luxations qu'elle réalise.

Je vous ai déjà montré plusieurs fois, chez certains monstres, la coïncidence d'une destruction partielle ou totale du système nerveux central, avec une rétraction plus ou moins générale du système musculaire, et la déformation de presque toutes les parties du squelette, et surtout des articulations. Voici une série de pièces anatomiques et de planches dessinées d'après des pièces que je n'ai pu conserver, où ce double fait apparaît dans ses manifestations les plus variées, depuis son expression la plus faible et la plus circonscrite jusqu'à son expression la plus énergique et la plus étendue. Ainsi, vous pouvez voir, dans ces faits, des cas où l'altération des centres nerveux a été superficielle et passagère, d'autres où ils ont été détruits partiellement ; et dans chacun de ces cas se rencontrent simultanément la rétraction d'un plus ou moins grand nombre de muscles et des luxations des membres. Et plus loin, vous voyez représentés des monstres chez lesquels il y a à la fois disparition complète du système nerveux central et rétraction de la totalité du système musculaire. Je vous présente, en particulier, un fœtus anencéphale-symèle, chez lequel vous observez, avec cette même rétraction des muscles, non seulement un renversement de la tête en arrière, d'énormes pliures de la colonne vertébrale, mais encore des luxations plus ou moins complètes des principales articulations, des hanches, des genoux, des pieds, des épaules, des coudes, des poignets.

On voit donc que les luxations congénitales font partie d'un vaste ensemble de difformités nées d'une commune origine, et qu'elles ne sont que des dépendances partielles d'un même fait, qui ne peuvent être considérées d'une manière isolée qu'abstractivement et par rapport aux différentes portions déterminées du squelette qu'elles occupent.

Les circonstances anatomiques qui accompagnent les deux faits dont nous venons de constater l'existence, c'est-à-dire l'absence plus ou moins complète du système nerveux central, d'une part, et le raccourcissement des muscles, de l'autre, montrent bien que la première est le résultat d'un travail pathologique, et non d'un arrêt de développement, comme l'ont pensé la plupart des auteurs modernes, et que le second n'est pas le produit d'une rétraction passive ou consécutive.

1° En premier lieu, on peut s'assurer par l'étude comparée de tous les monstres où une plus ou moins grande portion du cerveau ou de la moelle a disparu, que la portion absente de la pulpe nerveuse a réellement existé, mais a été emportée par voie de destruction graduelle. Sans doute, si l'on se bornait à déterminer ce fait dans l'anencéphalie complète, il serait peut-être difficile de démontrer rigoureusement l'existence antérieure de ce travail morbide, dont les principales traces peuvent avoir plus ou moins disparu depuis longtemps. Mais si vous considérez que les pièces et les planches que vous avez sous les yeux montrent tous les degrés de la destruction des centres nerveux, suivant une série décroissante, qui commence à la disparition complète de l'encéphale et de la moelle, et finit à la simple lésion des membranes, vous comprendrez facilement par quel enchaînement de faits et d'inductions j'ai pu établir rigoureusement la réalité de cette destruction, dans les cas où l'on ne retrouve plus la réunion de tous les caractères qui lui appartiennent.

2° En second lieu, la rétraction des muscles qui desservent les articulations déplacées a des caractères spéciaux qui permettent de la distinguer de la rétraction consécutive. Ainsi les muscles ne sont pas, comme dans ce dernier cas, raccourcis seulement dans les limites de la contraction physiologique, et simplement tendus entre leurs deux points d'insertion. Mais d'une part, leur raccourcissement déborde de beaucoup le champ de cette contraction ; on voit, par exemple, chez le même fœtus, les muscles de l'épine, les muscles jumeaux, réduits au tiers ou au quart de leur longueur normale ; d'autre part, ils sont dans un état de tension extrême, et les parties osseuses sur lesquelles ils s'insèrent ou qu'ils bordent, sont souvent le siége d'altérations, d'avulsions et même de fractures, indiquant qu'elles ont été soumises à des violences considérables. Indépendamment de cette tension, ces muscles présentent encore, en raison de la transformation fibreuse plus ou moins complète qu'ils ont subie, une dureté extrême, tout-à-fait en opposition avec la consistance molle que donne aux muscles consécutivement raccourcis leur transformation graisseuse. Enfin, la généralité de la rétraction, dans un grand nombre de cas, et ce fait remarquable qu'elle a lieu alors simultanément et symétriquement dans les mêmes articulations des deux côtés, montrent bien qu'elle n'est pas consécutive, et ne peut en aucune manière être rapportée à des influences extérieures et locales.

3° Voilà donc établis déjà deux ordres de faits : l'existence de la lésion du système nerveux et celle de la rétraction musculaire, considérées isolément. Maintenant, le rapport qui unit directement ces deux faits ressort de l'harmonie constante qu'ils présentent à leurs différens degrés de manifestation et eu égard aux différentes portions du système nerveux et du système musculaire qu'ils occupent. Il est d'abord évident que la contractilité du système musculaire est subordonnée à l'action du système nerveux. Ce principe vulgaire est vrai pour l'état pathologique aussi bien que pour l'état physiologique ; c'est-à-dire que les muscles ne peuvent pas plus être *contracturés* pathologiquement, que physiologiquement *contractés*, sans l'influence active du système nerveux ; en sorte que là où il y a contracture spasmodique des muscles, on peut aussi bien conclure à la lésion du système nerveux, qu'on peut induire de la contraction physiologique des muscles l'intervention de l'inervation. Mais ce n'est pas tout. Quand, de plus, il y a harmonie, harmonie de siége, harmonie de degré, entre les altérations du centre céphalo-rachidien et les altérations des muscles, il est impossible de ne pas admettre un rapport immédiat entre les unes et les autres. Cela se voit tous les jours en pathologie cérébrale. Eh bien ! cette harmonie existe dans les cas qui nous occupent. Examinez les pièces qui sont sous vos yeux et vous verrez, dans quelques unes, coïncider avec l'absence de la portion inférieure de la moelle, des luxations bornées aux membres inférieurs ; avec l'absence de la portion supérieure, des luxations s'étendant aux membres correspondans ; avec l'absence d'une moitié du cerveau, des luxations dans les membres d'un seul côté. Et ici encore, je ne puis vous donner que de rapides indications ; mais j'ai établi une série décroissante de cas de luxations, subluxations et pseudo-luxations produites par la rétraction musculaire dans ses différens modes de combinaison, série dans laquelle on peut lire une relation très manifeste entre le siége et le degré de la destruction du cerveau ou de la moelle, et le siége et le degré des difformités dont il s'agit. Les exemples que je mets sous vos yeux appartiennent à cette série et suffisent déjà pour établir l'existence de cette relation.

4° Enfin, le rapport entre la rétraction musculaire et les luxations est établi par ces deux faits, à savoir, que celles-ci ont lieu dans le sens d'action des muscles, et que l'étendue du déplacement est toujours relative au degré et au mode de distribution de la rétraction. Cette harmonie parfaite qui existe entre la direction et l'étendue du déplacement des os, et le sens et le degré de la rétraction des muscles, je l'ai déjà fait ressortir dans l'histoire du torticolis, du pied-bot, des déviations de l'épine. Elle conserve ici la même signification. Mêmes causes, mêmes résultats, variés seulement en raison des diverses conditions anatomiques et dynamiques des parties où ils se produisent.

Et pour qu'on n'invoque pas l'influence de la pression, de la position des membres, ou de toute autre circonstance analogue, sur la production des luxations, il suffira, je pense, de faire remarquer, en appliquant aux luxations une partie de ce que j'ai dit plus haut de la rétraction, 1° que la plupart de ces luxations s'effectuent presque toujours des deux côtés dans les mêmes articulations, avec les mêmes directions et au même degré ; 2° que les déplacemens articulaires ne se font pas toujours dans le sens des mouvemens physiologiques, mais souvent dans un sens directement opposé, et à un degré qui dépasse de beaucoup les limites d'un déplacement immédiat ; 3° qu'ils affectent toujours une direction relative au sens d'action des muscles rétractés. C'est ainsi qu'on voit, dans plusieurs exemples placés sous vos yeux, la rétraction du triceps fémoral et du droit antérieur opérer un mouvement de flexion de la jambe sur la cuisse dans le sens opposé à la flexion normale, de telle sorte que la jambe et la cuisse forment, à l'articulation du genou, un angle plus ou moins ouvert en avant, et que le tibia se luxe en avant des condyles du fémur ; 4° enfin, que les luxations, maintenues fixes par la tension rigide des muscles dans la direction desquels elles ont été effectuées, ne sont pas extemporanément réductibles.

Ainsi se trouve complétée, par l'interprétation des faits qui établissent une harmonie entre la cause prochaine, ou rétraction musculaire, et les déplacemens articulaires, la démonstration de tous les termes de la formule par laquelle j'ai exprimé, en commençant cette première partie de la conférence, toute l'étiologie des luxations congénitales.

Ces luxations s'enchaînent donc à la même théorie générale que les déviations de l'épine, le pied-bot, le torticolis. Le fait de la rétraction musculaire est un fait d'une large application, que vous retrouvez à chaque pas dans l'histoire des difformités. Quelle que soit la multiplicité des effets qu'elle peut produire, qu'elle agisse sur l'épine ou sur les articulations des membres, qu'elle occupe tout un système de muscles ou quelques faisceaux isolés, vous n'en reconnaissez pas moins partout le fait uniforme d'un déplacement osseux en rapport de direction et de degré avec les actions musculaires, sauf des modifications particulières, dépendantes de la constitution matérielle spéciale des différentes parties du squelette.

Pour vous donner un exemple de la certitude des principes que je viens de vous exposer sur la subordination des luxations à la rétraction musculaire et de celle-ci à la lésion des centres nerveux, je vais soumettre à votre examen un fœtus présenté, il y a cinq ans, à l'Académie des sciences, et sur lequel on a pu constater, à cette époque, par la dissection de la moitié droite du sujet, des déplacemens des principales articulations de ce côté. Les articulations du côté gauche ont été conservées à dessein, afin qu'elles puissent servir, au besoin, à une démonstration publique. On vient de disséquer à l'instant devant vous les principales articulations du côté gauche, et vous voyez qu'elles présentent également des luxations, semblables pour le siége, pour la direction et pour le degré à celles du côté opposé, et notamment la sub-luxation scapulo-humérale en haut et en dehors, la luxation cubito-humérale en arrière, la luxation fémoro-iliaque complète en haut et en dehors, et la sub-luxation en avant du tibia sur le fémur.

§ II.

TOUTES LES DIFFORMITÉS COMPRISES DANS LA CATÉGORIE DES LUXATIONS, SUB-LUXATIONS ET PSEUDO-LUXATIONS CONGÉNITALES SONT, COMME LES VARIÉTÉS DES AUTRES DIFFORMITÉS ARTICULAIRES, LE PRODUIT DE LA RÉTRACTION MUSCULAIRE ACTIVE OU DE LA CONTRACTURE PARALYTIQUE, DIFFÉREMMENT DISTRIBUÉES, COMBINÉES ET GRADUÉES DANS LES MUSCLES QUI DESSERVENT LES ARTICULATIONS.

Au point de vue étiologique, il importe de suivre la démonstration dans l'histoire des variétés des difformités comprises sous le nom générique de luxations congénitales. Pour cela, il faut considérer les faits dans leur succession, et les mettre constamment en regard des différentes manières d'être de la cause qui les produit. Car les luxations, comme les déviations de l'épine, peuvent offrir des variétés, se présenter à des degrés différens et revêtir des caractères différens, suivant le siége, le degré et le mode de la rétraction.

Les luxations congénitales peuvent être complètes, ce sont les luxations proprement dites, c'est-à-dire les déplacemens complets des surfaces articulaires ; elles peuvent être incomplètes, ce sont les sub-luxations, c'est-à-dire les déplacemens commençans et incomplets de ces surfaces. En outre, elles peuvent être simulées par d'autres difformités que j'appelle pseudo-luxations.

Jusqu'ici les fausses idées qu'on s'était faites de l'origine et du mode de formation des luxations congénitales avaient conduit à attribuer aux diverses difformités comprises sous cette dénomination commune des causes différentes. Pour moi, toutes ces difformités sont le produit de l'action musculaire, mais de distributions, de combinaisons et de degrés différens de cette action. Les luxations complètes résultent de la rétraction énergique et simultanée des principaux muscles qui desservent l'articulation. Que si la rétraction est moins forte, ou n'atteint qu'une portion moins considérable du système musculaire, la luxation reste en chemin, pour ainsi dire, et il ne se produit qu'une sub-luxation. Joignez à cela que ces deux variétés ne sont souvent que l'expression d'un même degré de la même affection musculaire, mais développée à des époques différentes de la vie fœtale; que la première survient ordinairement, à une époque peu avancée, quand l'insuffisance du développement des surfaces articulaires, leur défaut de coaptation complète, et l'extrême laxité des moyens d'union, rendent plus facile le déplacement des os ; et que la seconde se rencontre surtout à une époque rapprochée de la vie extra-utérine. On sait, en effet, que les cavités articulaires sont à peine formées dans les premiers temps de la vie intra-utérine, et qu'elles n'opposent à cette époque presqu'aucun obstacle au déplacement des surfaces, tandis qu'elles se creusent d'autant plus qu'on s'approche de la naissance, d'où les luxations, sub-luxations et pseudo-luxations, suivant l'époque où la rétraction musculaire a agi.

Enfin, les *pseudo-luxations* consistent dans une direction *anormale permanente* des membres, qui ne dépend plus, comme les autres variétés, de ce que l'action musculaire est plus ou moins énergique, mais de ce qu'elle se localise dans des muscles dont le raccourcissement ne peut effectuer le déplacement des surfaces articulaires, mais imprime aux membres une direction permanente, relative aux sens de leur action physiologique. Les pseudo-luxations ne se rapprochent donc des luxations que par une communauté d'origine et une ressemblance quelconque dans les apparences extérieures de la difformité; mais elles en diffèrent complètement, en ce sens qu'il n'y a jamais de déplacemens articulaires.

Ces trois sortes de difformités, qui ont des rapports plus ou moins intimes, peuvent être le résultat de la rétraction active, de la contracture et

de la résolution paralytique. Dans les deux premiers modes de la rétraction, les muscles affectés exercent des tractions plus ou moins violentes
sur les extrémités articulaires ; dans le troisième, au contraire, ils sont
relâchés, et ce sont les muscles antagonistes qui, n'étant plus contrebalancés dans leur action, impriment aux membres des directions anormales. Mais ces trois modes de rétraction ne peuvent pas produire indif-
féremment toutes les variétés de luxations dans la même articulation. La
puissance d'action de chacun d'eux varie en raison de la résistance qu'il
rencontre, et de la direction des surfaces. C'est ainsi qu'à l'articulation du
pied, à celle du poignet, et en général aux articulations diarthrodiales,
j'ai vu la résolution paralytique entraîner, par l'action des muscles antagonistes restés sains, la luxation complète ; tandis qu'à la hanche, elle
ne produit ordinairement que des sub-luxations.

En résumé, les luxations, sub-luxations et pseudo-luxations congénitales, quel que soit leur siége, quel que soit leur degré, ne sont que l'expression multiple d'une même cause, diversifiée dans son action; on peut
donc dire d'elles ce que j'ai dit du pied-bot, du torticolis, des déviations
de l'épine, qu'elles sont le produit de distributions, de combinaisons et de
degrés différens de la rétraction musculaire active.

§ III.

LES LUXATIONS CONGÉNITALES PEUVENT OCCUPER SUCCESSIVEMENT OU
SIMULTANÉMENT TOUTES LES ARTICULATIONS DU SQUELETTE, DEPUIS
CELLE DE LA MACHOIRE INFÉRIEURE, JUSQU'A CELLES DES OS DU PIED.

Je vous ai dit en commençant que les luxations congénitales peuvent
affecter toutes les articulations du squelette, depuis la mâchoire inférieure jusqu'aux os du pied. Cette proposition ressortira de l'inventaire
que je vais vous présenter de tous les cas que j'ai eu occasion de rencontrer. Mais avant d'aller plus loin, je vous ferai remarquer que cet inventaire ne vous donnera pas le dernier mot de l'observation. Car je n'ai

pas la prétention d'avoir rencontré toutes les combinaisons possibles des élémens étiologiques que je viens de vous faire connaître ; mais quand la cause d'un fait est bien connue en elle-même, et dans toutes ses diversités possibles de siége, de mode ou de degré, l'on peut prévoir une foule d'autres faits relatifs à toutes les combinaisons, et supposer même que l'avenir en réalisera beaucoup d'autres qui seront relatifs à des combinaisons ou modes d'association, en dehors de nos prévisions actuelles.

Les exemples que j'ai constatés jusqu'ici sont les suivans :

1° SUB-LUXATION OCCIPITO-ATLOÏDIENNE, 2 variétés.

A. *En arrière,* consistant dans une flexion exagérée de la tête sur la face antérieure du cou et de la poitrine, avec un commencement de glissement en arrière des condyles occipitaux sur les facettes articulaires de l'atlas. En voici deux exemples chez des fœtus monstres anencéphales.

B. *En avant.* Les personnes qui suivent mes consultations peuvent se rappeler avoir vu l'année dernière un enfant d'environ deux à trois mois, qui en offrait un exemple remarquable. La tête était exactement appliquée contre la partie postérieure du cou et supérieure du dos. Il y avait probablement glissement des condyles en avant, avec élongation des ligamens antérieurs.

2° SUB-LUXATIONS DANS D'AUTRES RÉGIONS DE LA COLONNE VERTÉBRALE. J'en ai observé plusieurs cas. Voici, entre autres, un fœtus dont le rachis présente, outre le déplacement occipito-atloïdien, une série de flexions anguleuses dans le sens antéro-postérieur, avec glissement des surfaces articulaires.

3° LUXATION COMPLÈTE DE LA MACHOIRE DANS LES FOSSES ZYGOMATIQUES. Je l'ai observée sur un fœtus dérencéphale que voici ; la tension et le raccourcissement des muscles abaisseurs et des ptérygoïdiens externes contrastent avec l'allongement et l'amincissement des temporaux et des masséters.

4° LUXATION DE LA CLAVICULE, 4 variétés.

A. *Luxation en dedans et en avant de l'extrémité sternale :* déplacement de la clavicule au-devant de la fourchette du sternum. Voici le plâtre d'une jeune fille de 8 ans, remarquable par la saillie résultant du déplacement des têtes des deux clavicules.

B. *Id. en dedans et en haut :* déplacement de l'extrémité sternale de cet os dans le sens indiqué pendant les mouvemens du membre correspondant, et pendant les contractions du cleïdo-mastoïdien, chez une jeune fille de 11 ans.

C. *Sub-luxation sterno-claviculaire en arrière.* Consistant dans un glissement incomplet des têtes claviculaires derrière la fourchette du sternum. Voici un fœtus monstre symèle qui offre cette variété des deux côtés.

D. *Luxation de l'extrémité scapulaire de la clavicule en haut et en dehors.* Cette portion de la clavicule avait chevauché au-dessus de l'acromion, et venait soulever les tégumens au-dessus de la fosse sus-épineuse. Je l'ai observée sur un fœtus de trois mois.

5° LUXATIONS SCAPULO-HUMÉRALES, 3 variétés.

A. *Directement en bas,* la tête de l'humérus étant située à 2 centimètres au-dessous du rebord inférieur de la cavité glénoïde, chez un jeune homme de 10 ans, dont voici le plâtre. Cette luxation s'est effectuée à la suite d'une paralysie complète du deltoïde et de la plupart des autres muscles scapulo-huméraux et d'un allongement de la capsule, par le seul poids du membre. L'épaule gauche du même sujet présentait la même difformité à un degré beaucoup moins prononcé.

B. *Luxation de l'humérus en dedans et en bas, complète d'un côté et incomplète de l'autre, sur le même individu.* La tête de l'humérus était appliquée contre les côtes, et les bras maintenus dans une abduction presque horizontale, sous l'influence de la rétraction des muscles deltoïdes. (Le même cas a été constaté par M. Roux.)

C. *Sub-luxation en haut et en dehors,* caractérisée par un glissement de la tête de l'humérus dans le sens indiqué. Ce glissement est favorisé par le refoulement des apophyses coracoïde et acromion. J'ai observé cette variété chez un jeune homme de 15 ans dont voici le plâtre. Le fœtus symèle que voici la présente également des deux côtés.

6° SUB-LUXATION CUBITO-HUMÉRALE EN ARRIÈRE, caractérisée par la flexion en arrière de l'avant-bras sur le bras et par un certain degré d'ascension du cubitus le long de la face postérieure de l'humérus, avec saillie de l'extrémité inférieure de ce dernier dans le pli du coude. Voici deux plâtres, l'un d'une demoiselle de 14 ans, l'autre d'un jeune homme de 13 ans, qui en offrent des exemples, et voici deux autres exemples bien plus prononcés de la même difformité chez ce monstre symèle.

7° LUXATION DE LA TÊTE DU RADIUS EN AVANT ET EN HAUT, consistant dans le glissement de cet os au-devant de l'humérus, vers la fossette coronoïde de ce dernier. Cette luxation est nécessairement accompagnée de diastase des articulations radio-cubitales et de pseudo-luxation du carpe. Nous avons eu l'année dernière, dans notre service, une jeune fille de 7 ans offrant la même difformité des deux côtés.

8° LUXATIONS DU POIGNET, 4 variétés.

A. *En avant*, caractérisée par le glissement du carpe au-devant des os de l'avant-bras et par la dépression antérieure et la saillie postérieure des extrémités inférieures du radius et du cubitus. Voici le plâtre d'un enfant de six mois qui en offrait un curieux exemple, avec rétraction considérable des extenseurs et des fléchisseurs. J'en ai observé deux autres exemples chez des adultes.

B. *Id. en arrière et en haut*, avec glissement du carpe derrière la face postérieure des os de l'avant-bras. J'en ai observé un exemple chez un sujet de six ans. Il y avait paralysie incomplète de tous les muscles de l'avant-bras et de la main. La luxation n'était pas permanente.

C. *Id. en arrière et en dehors*, glissement du carpe derrière la face postéro-externe du radius, observé dans mon service chez une jeune fille de 14 ans, dont voici les plâtres. Il y avait, comme chez le précédent, paralysie incomplète avec rétraction de quelques muscles.

D. *Pseudo-luxations du poignet*. Je n'en ai observé que de latérales en dedans, par suite d'absence, de raccourcissement ou de glissement en haut du radius. Le poignet se trouve dans une abduction plus ou moins prononcée, quelquefois la main est étendue le long du bord radial de l'avant-bras, et remonte presque parallèlement à la direction de ce dernier. Voici des exemples remarquables de cette difformité chez ce fœtus-monstre où les radius manquent. J'ai observé le même fait trois fois. Dernièrement on a présenté à ma consultation un enfant nouveau-né avec une luxation apparente du poignet en dedans. Le radius existait, mais il était plus court que le cubitus. Enfin, je rappellerai ici la luxation apparente des poignets chez la jeune fille déjà citée, qui avait les radius luxés sur les humérus.

9° LUXATIONS DU BASSIN, 2 variétés.

A. *Luxation sacro-iliaque en haut et en arrière.* Les cas que j'ai pu observer n'étaient que de simples chevauchemens, dans le sens indiqué, de l'os iliaque sur le sacrum, accompagnant des luxations coxofémorales congénitales ou des déviations de l'épine.

B. *Diastase des pubis.* Écartement considérable de la symphise des pubis, accompagné d'un certain degré d'écartement des symphises sacroiliaques et même du renversement des pubis sur la face externe des ischions, chez le fœtus monstre agénosome que voici.

10° LUXATIONS COXO-FÉMORALES, 5 variétés.

A. *En haut et en dehors ;* la tête du fémur est entièrement située audessus du sourcil cotyloïdien, dans la fosse iliaque. C'est la variété la plus commune des luxations congénitales du fémur. J'en ai observé jusqu'ici plus de cinquante exemples, tant sur le vivant que sur le cadavre. Le fœtus symèle que nous avons déjà cité en présente également deux. La jeune fille que nous allons opérer sous vos yeux offre la même variété des deux côtés.

B. *Luxation directement en haut.* La tête du fémur est placée immédiatement en dehors de l'épine iliaque antéro-inférieure. J'en ai observé un exemple chez le fœtus agénosome déjà cité pour la diastase des pubis.

C. *Luxation en avant et en haut.* La tête du fémur repose sur l'éminence ilio-pectinée et forme une tumeur très prononcée dans l'aîne. Le même fœtus qui offre la variété précédente présentait simultanément cette dernière.

D. *Sub-luxation en arrière et en haut,* caractérisée par la sortie incomplète de la tête du fémur, qui ne dépasse pas le sourcil cotyloïdien. Cette variété se remarque souvent chez les nouveaux-nés et chez ceux où les luxations musculaires se sont spontanément effectuées après la naissance. Voici le dessin d'un fœtus agénosome offrant cette difformité des deux côtés. Je l'ai observée en outre sur le cadavre d'une femme de 40 ans, dont voici la pièce, et sur le vivant chez deux jeunes gens affectés simultanément d'une foule d'autres difformités.

E. *Pseudo-luxations du fémur*, 2 variétés, dont la première A. simule une *luxation en arrière et en dehors :* voici une pièce offrant une destruction de la tête du fémur, avec comblement de l'acétabulum, par un tissu fibro-cartilagineux. L'autre variété B. simule la *luxation en bas et en avant*. Abduction et légère flexion permanentes du membre et allongement apparent par suite de l'inclinaison du bassin et de l'abduction de la cuisse. Le toucher fait reconnaître qu'il n'y a aucun déplacement de la tête du fémur, et que le bridement de certains mouvemens dépend de la rétraction du tenseur du fascia lata et de quelques autres muscles. J'ai observé des exemples de cette difformité chez une jeune fille de trois ans et chez une autre de quatorze ans.

11° LUXATIONS DU GENOU, 4 variétés.

A. *Sub-luxation en avant*, caractérisée par une flexion du genou en avant et par le glissement en avant des condyles du tibia sur ceux du fémur ; ces derniers font saillie dans l'espace poplité. En voici deux exemples chez ce fœtus monstre symèle. Il y a rétraction extrême des muscles extenseurs de la jambe, et les muscles couturier et droit interne sont devenus extenseurs.

B. *Sub-luxation en arrière*, avec rotation légère en dehors, dans le sens de l'action des biceps, caractérisée par une flexion permanente de la jambe sur la cuisse et glissement des condyles du tibia en arrière, tandis que ceux du fémur les débordent en avant. Voici les moules d'une jeune fille de quatorze ans, traitée dans mon service et qui les représentent.

C. *Sub-luxation en dedans et en arrière*, avec rotation de la jambe en dedans. J'ai opéré, la semaine passée, sous vos yeux, un enfant de deux ans qui en offrait un exemple.

D. *Luxation en arrière et en dehors, avec rotation dans le même sens*. Le genou paraît dévié en dedans : le condyle interne du fémur déborde celui du tibia, tandis que l'externe est affaissé et débordé par le condyle correspondant du tibia. Cette difformité, très fréquente, apparaît plus spécialement après la naissance, bien que les agens qui la produisent aient donné la première impulsion pendant la vie intra-utérine.

12° LUXATIONS DU PIED. Variétés très nombreuses et susceptibles de combinaisons très multiples. Ces déplacemens, qui sont rarement complets, font partie de la difformité complexe constituant le pied-bot. Leur direction varie suivant les formes particulières de cette difformité. Je me contenterai d'en indiquer les principales.

A. *Sub-luxation tibio-astragalienne*. Elle peut s'effectuer en avant, en arrière, en dehors et en dedans.

B. *Sub-luxation calcanéo-astragalienne* ; en dehors ou en dedans.

C. *Astragalo-scaphoïdienne ;* en dehors, en dedans, en haut ou en bas.

D. *Calcanéo-cuboïdienne ;* en dehors.

E. *Phalango-métatarsienne*, résultant d'une extension et d'une flexion simultanées extrêmes des orteils, dont les facettes articulaires ont glissé en haut et en arrière, ou latéralement. En voici de nombreux exemples parmi lesquels je vous ferai plus particulièrement remarquer la sub-luxation transversale du gros orteil.

Vous venez de voir que je rapporte toute l'étiologie essentielle des luxations congénitales au fait de la rétraction musculaire. Je vous dois à cet égard une courte explication ; car, déjà, quand je vous ai fait l'histoire étiologique de quelques autres difformités de même origine, on m'a demandé si je n'en admettais pas qui fussent produites par d'autres causes. J'admets, en effet, qu'il peut exister très exceptionnellement dans le sein de la mère, sous l'influence d'un travail morbide quelconque, certaines modifications matérielles des élémens des articulations, permettant aux surfaces réciproques de se déplacer; de la même manière que des maladies des articulations du pied, en déformant les surfaces, peuvent, même chez le fœtus, donner lieu à une difformité particulière. Mais les caractères de ces difformités, comme ceux des lésions accidentelles des articulations, qu'on pourrait rapporter à des luxations, diffèrent complètement des caractères appartenant au véritable pied-bot et à la véritable luxation congéniale. Ainsi, voici un exemple de déplacement coxo-fémoral chez un sujet de trois ans, dans lequel il y a apparence de luxation du fémur sur le bassin; mais les muscles qui entourent l'articulation sont à peine raccourcis passivement: de plus, si l'on pénètre dans l'articulation, on voit qu'une partie de la cavité manque, et a été comblée par un tissu fibro-cartilagineux; que la tête fémorale est partiellement détruite, et que les caractères de cette destruction sont tout-à-fait différens de ceux qui appartiennent aux déformations consécutives des véritables luxations congénitales. C'est donc une maladie articulaire. Or, qu'à cette difformité, et à toutes les difformités analogues qui pourraient s'offrir, on donne, si l'on veut, le nom de luxations; toujours est-il qu'elles forment une catégorie spéciale, qui n'a qu'une analogie grossière avec les luxations par rétraction musculaire.

§ IV.

LA MARCHE ET LE DÉVELOPPEMENT DES LUXATIONS CONGÉNITALES SONT SOUMIS AUX MÊMES CAUSES AUXILIAIRES OU COMPLÉMENTAIRES QUE LE PIED-BOT, LA DÉVIATION DE L'ÉPINE, C'EST-A-DIRE A L'ARRÊT DE DÉVELOPPEMENT DES MUSCLES RÉTRACTÉS, A LA CONTRACTION PHYSIOLOGIQUE, ET A L'ACTION VERTICALE DE LA PESANTEUR.

Les deux premières catégories de difformités que nous avons admises ne sont pas des difformités absolument différentes les unes des autres, mais deux degrés différens de la même difformité. Il est même rare que la luxation soit immédiatement complète par le seul effet de la rétraction musculaire active. Il en existe cependant des exemples ; mais leur production est subordonnée à deux conditions principales qui sont, 1° une rétraction très énergique de la totalité ou de la plus grande partie des muscles appartenant à l'articulation déplacée, ce qui implique une lésion très profonde du système nerveux, et 2° leur production à une époque encore peu avancée de la vie intra-utérine. Je vous ai dit précédemment quelle est l'influence de cette dernière condition. Voici plusieurs fœtus chez lesquels s'observent des luxations complètes des diverses articulations; mais vous remarquerez que tous ne sont encore arrivés qu'à une période peu avancée de leur évolution, et que les altérations du système nerveux qui ont produit des rétractions très énergiques et très générales du squelette sont d'un ordre incompatible avec la vie extra-utérine.

Ainsi, comme je l'ai dit, en dehors de ces conditions, les choses se passent différemment. Les surfaces articulaires subissent d'abord, avec une rapidité variable et relative au degré d'intensité et de permanence de la rétraction, un déplacement qui ne dépasse pas ordinairement, pendant la durée de la vie fœtale, le champ d'une sub-luxation; ce n'est que plus tard, sous l'influence de causes complémentaires, et d'une manière graduelle, que le déplacement augmente jusqu'au point de former une luxation complète.

Ces remarques s'appliquent également aux pseudo-luxations. On ne les rencontre d'ordinaire, au moins à un degré prononcé, qu'à une époque voisine de la naissance, et même, le plus souvent, elles ne deviennent très manifestes qu'à des époques plus ou moins avancées de la vie extra-utérine.

Mais sous quelles influences les subluxations se changent-elles en luxations, et les pseudo-luxations arrivent-elles au point de simuler les véritables déplacemens articulaires? Sous les mêmes influences accessoires qui impriment à la marche et au développement du pied-bot, du torticolis et des déviations de l'épine, des modifications particulières qui compliquent et complètent plus ou moins les effets spécifiques de la cause essentielle. Je veux parler de l'intervention de trois causes auxiliaires ou complémentaires qui sont : 1° l'arrêt de développement des muscles, consécutif à leur rétraction ; 2° la contraction physiologique ; 3° l'action verticale de la pesanteur.

Vous savez, en effet, que sous l'influence de ces trois conditions, les difformités dont je viens de parler s'accroissent souvent d'une manière considérable, et que les divers élémens anatomiques qui les constituent deviennent ordinairement le siége d'altérations secondaires qui augmentent toujours les difficultés du redressement et peuvent quelquefois le rendre impossible, même après la destruction de la cause primitive, c'est-à-dire après la section des muscles. Le même fait se représente pour les luxations congénitales.

1° J'ai dit tout-à-l'heure que les déplacemens articulaires congénitaux, survenus à une époque avancée de la vie fœtale, n'étaient presque toujours, au début, que des subluxations. Si, pendant la vie extra-utérine, à mesure que le sujet grandit, les muscles rétractés et les différentes parties du squelette se développaient toujours dans la même proportion, il est évident que, abstraction faite de la contraction physiologique, de l'action de la pesanteur, ou de toute autre cause *intercurrente*, le rapport anormal des surfaces articulaires n'éprouverait aucune variation; mais il n'en est pas ainsi. Le premier effet de la rétraction active est précisément de frapper d'arrêt de développement les muscles qu'elle occupe. Il résulte de là une disproportion de longueur graduellement croissante entre ces muscles et les portions du squelette comprises entre leurs points d'insertion; et comme ces portions osseuses ne sont déjà plus, par leurs surfaces contiguës, dans des rapports normaux, elles glissent de plus en plus l'une sur l'autre, d'une quantité toujours égale à la somme de disproportion qui existe entre leur longueur et celle des cordes musculaires.

On voit d'après cela que l'influence de l'arrêt de développement musculaire sur la marche des luxations et des subluxations doit varier suivant les articulations qui en sont le siége. Quand une subluxation s'est faite dans une articulation dont le déplacement plus considérable est rendu difficile par la puissance des moyens de coaptation et la direction des surfaces, les extrémités osseuses, au lieu de glisser parallèlement l'une sur l'autre, s'inclinent dans le sens du muscle ou des muscles rétractés, en rapprochant ainsi leurs points d'insertion. C'est ce qu'on voit, par exemple, dans les subluxations latérales, soit en dedans, soit en dehors, de l'articulation tibio-fémorale. A la hanche, au contraire, la tête du fémur une fois placée sur la partie supérieure et externe du rebord cotyloïdien s'adapte facilement à la brièveté relative des muscles fessiers, en remontant dans la fosse iliaque.

Quant à l'influence qu'exerce l'arrêt de développement des muscles sur la marche et sur l'accroissement des *pseudo-luxations*, elle se déduit naturellement de tout ce que nous venons de dire à propos des luxations.

2° L'influence de la contraction physiologique sur le déplacement plus complet des surfaces articulaires n'est ni moins facile à comprendre, ni moins certaine.

Et d'abord, par cela même que la luxation, dès son premier degré, se fait sous l'influence d'une action musculaire et dans le sens de cette action, chaque contraction physiologique des muscles rétractés, agissant dans le même sens, tend nécessairement à augmenter le déplacement. En outre, nous avons établi, en faisant l'histoire des autres difformités, qu'elles ont toutes pour résultat de changer les rapports et les angles d'insertion des muscles aux leviers qu'elles déplacent, et nous avons fait ressortir les conséquences de ce double fait sur la somme d'action des contractions musculaires, par rapport aux parties déplacées du squelette. C'est ainsi que, dans le pied-bot varus-équin, les muscles extenseurs et fléchisseurs des orteils deviennent, par suite de l'adduction primitive de l'avant-pied, de véritables adducteurs qui ajoutent leur action à celle des adducteurs normaux. De là un accroissement incessant de la difformité sous l'influence de la contraction de ces muscles. Il en est de même pour les différentes catégories des luxations congénitales. Ainsi, dans une luxation fémoro-iliaque en haut et en dehors tous les muscles internes de la cuisse, adducteurs, demi-tendineux, demi-membraneux et droit interne, tendent tous les jours à ajouter au déplacement, dans le sens vertical, en vertu de l'absence d'un point de résistance à l'extrémité supérieure du fémur ; et, dans le sens latéral, en vertu d'une ouverture plus grande de leurs angles d'insertion.

3° Enfin, l'action verticale de la pesanteur tend incessamment à augmenter les principaux déplacemens articulaires qu'on observe aux membres inférieurs. Par exemple, dans le renversement de la poulie astragalienne en dehors, le malade se tenant debout et le pied appuyant sur le sol par son bord externe, l'action de la pesanteur tombe obliquement sur la surface articulaire de l'astragale, et tend de plus en plus à compléter le renversement. Dans la luxation congénitale en haut et en dehors du fémur sur l'os iliaque, ce déplacement étant presque toujours double, ainsi que je l'ai dit précédemment, le poids du corps enfonce le bassin comme un coin entre les deux têtes fémorales; aussi cette luxation est-elle une de celles qui se complètent le plus facilement. Et non seulement, la luxation est ainsi augmentée; mais elle est encore modifiée dans sa forme et dans sa direction.

Il en est de même des autres difformités comprises dans la même catégorie.

Il suit de l'examen que nous venons de faire de l'influence exercée sur la marche et le développement des luxations, sub-luxations et pseudoluxations par les trois causes *accessoires*, que cette marche et ce développement sont gradués et continus. Il peut y avoir dans l'intervention de ces causes tant de nuances de combinaisons et de degrés; dans les articulations elles-mêmes, tant de variations sous le rapport du siége des déplacemens, de la direction des surfaces, de la puissance de leurs moyens d'union, qu'il est impossible, à un point de vue général, de préciser le temps que met une luxation commençante à se compléter. Cependant, on peut dire que la luxation du fémur, dans laquelle se résume, pour beaucoup d'auteurs, toute l'histoire des luxations congénitales, est rarement complète avant trois ou quatre ans. C'est même ce fait qui a induit en erreur quelques chirurgiens, et leur a fait penser qu'elles n'étaient jamais congénitales, et se développaient plus tard sous l'influence de causes particulières.

§ V.

LES LUXATIONS CONGÉNITALES OFFRENT, INDÉPENDAMMENT DES CARACTÈRES MÉCANIQUES PROPRES A CHACUNE D'ELLES, ET DIFFÉRENS POUR CHAQUE ARTICULATION, DES CARACTÈRES SPÉCIFIQUES LOCAUX ET GÉNÉRAUX, QUI SONT COMMUNS A TOUTES, PROCÉDANT DE LEUR COMMUNE ORIGINE, ET QUI RÉPÈTENT CEUX DES AUTRES DIFFORMITÉS ARTICULAIRES CONGÉNITALES.

Ce n'est pas tout d'établir l'origine et le mode de développement des luxations congénitales; il faut encore pouvoir reconnaître sur le vivant les faits dont nous venons d'analyser la constitution, et vérifier par l'observation clinique les déterminations de la théorie. Car si l'étiologie que nous venons de vous exposer est vraie, les faits qui en ressortissent doivent offrir dans leur extériorité toutes les circonstances matérielles qui lui appartiennent, la représentation exacte de leurs différens élémens de production : en d'autres termes, nous devons pouvoir leur appliquer la loi de spécificité des effets, subordonnés à la spécificité des causes, loi que nous avons établie et appliquée à toutes les difformités, et que nous croyons applicable à tous les faits de la même nature. Or, c'est ce que donne la connaissance des caractères mécaniques et spécifiques des luxations congénitales.

Et d'abord nous entendons par caractères mécaniques des luxations, les modifications matérielles immédiates qui résultent des nouveaux rapports imprimés aux surfaces et aux extrémités articulaires par la luxation. Ces caractères existent dans toutes les luxations, quelle que soit leur origine : un déplacement quelconque de deux portions du squelette correspondantes entraîne après lui une modification corrélative dans les apparences extérieures de l'articulation, ce qui constitue les caractères mécaniques de la luxation. On pourrait croire au premier abord que ces caractères, différens pour chaque articulation déplacée, pour chaque genre et chaque variété de déplacement, dussent être les mêmes pour tous les déplacemens analogues, quelle qu'en soit la cause primitive ; mais il n'en est pas ainsi. Les caractères mécaniques des luxations congénitales empruntent toujours quelque chose de la spécificité de leur cause, de la rétraction musculaire, et donnent un complément de lumière aux caractères plus directement spécifiques de cette cause. Ainsi la forme des hanches, la forme du genou, la forme du tarse, des orteils, ne seront pas exactement les mêmes dans les luxations congénitales de ces parties que dans les variétés quelconques des mêmes luxations, résultant de violences extérieures qui les réalisent immédiatement. Cette forme offrira toujours quelques particularités de siége, de direction, de dimension, qui dépendront du siége, de la direction, du degré d'action des muscles qui auront effectué ce déplacement ; ce ne seront donc pas indistinctement les formes de tout déplacement produit par les forces mortes, dont l'action, la direction d'action et le degré d'action ne sont soumis à aucune condition régulière, et produisent autant de combinaisons dans leurs effets, qu'il peut exister de combinaisons dans leur manière de violenter l'articulation, et de modes de réaction des dispositions mécaniques de cette dernière. Voici une luxation du genou qui consiste dans un glissement partiel du tibia en arrière sur les condyles du fémur, avec un certain degré de rotation et de flexion de la jambe sur la cuisse. Eh bien! le sens du déplacement, la rotation et la flexion partielle de la jambe, sont des circonstances mécaniques qui font partie de la luxation au même titre que le glissement du tibia en arrière sur le fémur. Si l'on se bornait à étudier empiriquement la luxation, on n'embrasserait pas toutes les circonstances qui lui appartiennent, et l'on ne verrait pas la signification toute particulière de chacune de ces circonstances qui forment l'ensemble des caractères mécaniques de la luxation; tandis qu'en les mettant en présence, en cherchant à établir leur relation de connexion et de subordination avec la même cause, on voit distinctement le rapport de chaque caractère mécanique avec l'élément étiologique qui se le subordonne plus immédiatement. Le glissement du tibia en arrière sur le fémur est en rapport avec la rétraction simultanée de tous les muscles fléchisseurs de la jambe sur a cuisse, et d'un certain degré de rétraction du quadriceps fémoral ; la flexion *fixe* de l'articulation, en rapport avec la rétraction des mêmes muscles, plus grande dans les fléchisseurs que dans les extenseurs; et enfin, la rotation partielle de la jambe sur la cuisse, en rapport avec une rétraction plus considérable du biceps-fémoral que celles du couturier, du droit interne, demi-tendineux et demi-membraneux. Ce que nous venons de vous démontrer pour ce cas de luxation du genou peut se démontrer pour toutes les variétés de luxation de la même origine. Dans toutes on trouvera aux moindres circonstances extérieures qui constituent leurs caractères mécaniques, une même empreinte de la cause essentielle qui les domine.

Les caractères directement et exclusivement spécifiques des luxations congénitales sont ceux qui appartiennent exclusivement à la cause elle-même, qui la constituent en quelque façon. Ils sont, avons-nous dit, locaux et généraux. Les caractères spécifiques locaux sont les muscles rétractés et les caractères propres de cette rétraction ; les caractères généraux sont ceux qui traduisent l'action générale de la cause, c'est-à-dire les traces de l'affection nerveuse et de la rétraction musculaire en dehors du siége même de l'articulation. Les premiers ont à peine besoin d'être définis. Les muscles rétractés des articulations déplacées sont, comme tous les muscles rétractés appartenant à toutes les difformités articulaires, durs, saillans sous la peau, tendus entre leurs points d'insertion, bridant les mouvemens de l'articulation, et offrant plus ou moins la consistance fibreuse. Les seconds consistent, ainsi que nous l'avons dit à propos des déviations de l'épine, du torticolis, du pied-bot, dans les reflets généraux de l'affection nerveuse, les traces des convulsions dans les muscles du visage, dans les yeux, dans les muscles autres que ceux appartenant à la luxation. Il n'est pas rare, ainsi que nous l'avons vu plusieurs fois, de rencontrer cette coïncidence sur le vivant, qui n'est elle-même qu'un diminutif de la coïncidence bien plus marquée qui s'observe dans les monstres et les fœtus non viables, ainsi que vous pouvez le voir dans tous les exemples de difformités générales et multiples qui m'ont servi à établir ma théorie générale des difformités. En résumé, les caractères mécaniques, aussi bien que les caractères spécifiques ou étiologiques, permettent de reconnaître parfaitement les luxations congénitales, et de lire dans leur physionomie extérieure leur véritable origine, de la même façon qu'on peut reconnaître dans les caractères mécaniques et étiologiques du torticolis, des déviations de l'épine et du pied-bot, les manifestations de la même cause, c'est-à-dire de la rétraction musculaire.

Faisons remarquer cependant que cette caractéristique, si nettement établie et si rigoureusement vérifiable dans les cas où elle n'a pas été altérée par l'intervention de causes intercurrentes ou consécutives, perd progressivement de sa netteté et de sa spécificité originelles, à mesure que ces causes viennent mêler leurs effets à ceux de la rétraction. Nous vous avons fait souvent la même remarque à l'occasion des autres difformités :

elle a peut-être plus d'importance encore dans les luxations congénitales, parce que dans ces difformités, l'action de la pesanteur, et la contraction physiologique jouent un rôle plus actif encore que dans les autres. La conséquence de ce fait, c'est que les caractères mécaniques de la luxation, et les caractères spécifiques de sa cause, de la rétraction, s'altèrent peu à peu, se compliquent, et même finissent par s'effacer tout à fait pour faire place aux caractères qui ressortissent plus directement de l'action des causes consécutives. Ainsi les extrémités articulaires cessent d'être dirigées rigoureusement dans le sens de l'action des muscles; leur déplacement n'est plus subordonné au mode et à la somme d'action de ces derniers, et les muscles rétractés ont perdu les caractères de la rétraction : ils ne sont plus tendus, durs, saillans, fibreux, mais peuvent être relâchés, mous, déprimés et graisseux. Mais cette défiguration consécutive de la caractéristique primitive des luxations congéniales n'invalide pas plus son exactitude et sa rigueur, que la défiguration des végétaux par la vétusté n'invalide la rigueur et l'exactitude de leur caractéristique donnée par la méthode naturelle.

§ VI.

LA THÉRAPEUTIQUE DES LUXATIONS CONGÉNITALES DOIT COMPRENDRE UN ENSEMBLE DE MOYENS CORRÉLATIFS AUX DIFFÉRENS ÉLÉMENS ÉTIOLOGIQUES QUI PRÉSIDENT A LEUR DÉVELOPPEMENT, ET NOTAMMENT LA SECTION SOUS-CUTANÉE DES MUSCLES RÉTRACTÉS ET L'ADJONCTION DES MOYENS MÉCANIQUES PROPRES A PRÉPARER, A EFFECTUER ET A CONSOLIDER LA RÉDUCTION DE CES LUXATIONS.

Il est à peine nécessaire de donner du développement à cette proposition; elle découle si naturellement, et j'ose dire si rigoureusement, de ce qui précède, que son seul énoncé suffit pour la faire admettre. En effet, s'il est parfaitement démontré que la rétraction musculaire est l'agent primitif des luxations congénitales, comme elle l'est des autres difformités articulaires, il en résulte la nécessité de leur appliquer le traitement chirurgical essentiel, appliqué avec tant de succès au traitement des autres difformités de même origine; c'est-à-dire la section sous-cutanée des muscles rétractés. Je n'ai pas besoin de m'étendre sur la légitimité de cette conséquence, ni sur les conditions particulières propres à régler cette nouvelle application de la ténotomie. Il me suffit de rappeler que la section des muscles de la cuisse peut s'effectuer au même titre, avec le même succès immédiat, et avec la même innocuité que celle des muscles de l'épine ou des extrémités, pourvu qu'on applique la méthode sous-cutanée dans toute la rigueur de ses principes : car ici les plaies sont nécessairement plus considérables et plus profondes ; elles réclament par conséquent une plus grande observance des précautions qui doivent les affranchir de tout travail d'inflammation suppurative et leur procurer le bénéfice de l'organisation immédiate. Ce n'est pas le lieu d'insister sur ces particularités ; je me bornerai à vous dire, pour le moment, que j'ai déjà appliqué neuf fois la section sous-cutanée des muscles à la cure des luxations congénitales sans aucun accident, et avec un complet succès immédiat, c'est-à-dire la disparition des principaux obstacles à la réduction. Vous jugerez, d'ailleurs, par une application que je vais faire sous vos yeux de cette méthode, de son importance, et des services qu'elle est capable de rendre au traitement des luxations congénitales.

Mais, par cela même que les luxations congénitales comprennent dans leur constitution des altérations qui résultent de l'action des causes complémentaires et consécutives, la formule de leur traitement doit comprendre aussi des moyens parallèles à ces altérations. En effet, de ce que la myotomie est aussi rigoureusement et aussi logiquement indiquée dans le traitement de ces difformités que dans celui du pied-bot et des difformités de l'épine, il ne s'en suit pas que cette méthode doive réaliser les mêmes avantages dans les trois ordres de faits. Les conditions matérielles d'une luxation, le déplacement complet des surfaces articulaires et les altérations consécutives de ces surfaces et des annexes articulaires, sont des élémens différentiels qui changent beaucoup les conditions du problème thérapeutique dans les trois cas. De même que certains pieds-bots réclament un traitement mécanique consécutif, de même que certains autres ne guérissent pas avec l'auxiliaire de ce traitement ajouté aux bienfaits de la ténotomie; de même certaines luxations et sub-luxations congénitales réclament le concours d'autres moyens appropriés aux conditions matérielles qui les différencient du pied-bot, et qui les différencient entre elles; et c'est ainsi que certaines d'entre elles présentent des difficultés et des complications qui les rendent complètement réfractaires à la myotomie, aux agens mécaniques, enfin qui les rendent tout-à-fait incurables. Il y a donc dans les luxations congénitales, considérées au point de vue de leur constitution accomplie, des élémens d'origine différente, des conditions matérielles de différens ordres, des états et des produits différens de ces conditions, qui appellent une série de moyens corrélatifs pour préparer, effectuer, et consolider leur réduction. Mais nous voici parvenus sur les confins de la partie pratique de ce sujet, c'est-à-dire des questions qui ont plus directement trait à la réductibilité, à la réduction et à la permanence de la réduction des luxations congénitales : l'examen de ces questions formera, comme je vous l'ai dit, la matière d'une seconde conférence.

DEUXIÈME PARTIE.

Partie pratique.

Dans la première partie de ces conférences, j'ai considéré les luxations congénitales sous le point de vue théorique. Après avoir montré qu'elles sont toutes le produit des différens modes de la rétraction musculaire, j'ai considéré l'histoire de leurs variétés, de leur développement, de leurs caractères spécifiques, de leur traitement, dans leurs rapports avec les différens degrés et les différens modes de distribution de la cause essentielle, et l'intervention plus ou moins active, plus ou moins permanente des causes auxiliaires, à savoir : l'arrêt de développement des muscles rétractés, la contraction physiologique, et l'action verticale de la pesanteur.

Dans cette seconde partie, plus spécialement pratique, je me propose de faire connaître d'abord les conditions anatomiques qui, dans les luxations congénitales, peuvent favoriser ou rendre difficile, ou empêcher, soit la réduction elle-même, soit la permanence de cette réduction. Ensuite, j'indiquerai sommairement les moyens propres à préparer, à opérer et à maintenir la réduction, et, dans le cas de non réductibilité, le moyen spécial de fixer artificiellement, dans un point déterminé, l'extrémité articulaire déplacée.

CHAPITRE PREMIER.

CONDITIONS ANATOMIQUES QUI PEUVENT FAVORISER OU RENDRE DIFFICILE, OU EMPÊCHER, SOIT LA RÉDUCTION ELLE-MÊME, SOIT LA PERMANENCE DE CETTE RÉDUCTION.

Ces conditions doivent être étudiées 1° dans les muscles et autres parties molles environnant l'articulation luxée (muscles, vaisseaux, nerfs, tissu cellulaire, peau et ligamens) : 2° dans les surfaces articulaires (têtes et cavités) ; 3° dans toutes les parties du squelette entourant la luxation (cavités articulaires nouvelles et déformations médiates et consécutives des os).

§ I. — ALTÉRATIONS DES MUSCLES ET DES AUTRES PARTIES MOLLES.

A. ALTÉRATIONS DES MUSCLES.

Les muscles, dans les luxations congénitales, peuvent offrir des changemens de dimension, de direction et de texture.

J'ai déjà parlé d'un *changement de dimension* survenu dans la totalité ou dans une partie des muscles qui entourent les articulations déplacées. J'ai dit qu'ils sont raccourcis, que ce raccourcissement est souvent porté au-delà des limites de la contraction physiologique ; qu'il consiste dans la rétraction active des fibres musculaires, consécutive à leur contracture permanente. Or, au point de vue de la réductibilité, c'est là un élément capital de la difformité ; car il s'oppose nécessairement à sa réduction immédiate, et empêche, dans le plus grand nombre des cas, qu'elle ne puisse s'effectuer, même avec le secours de l'extension préalable. Jusqu'ici, on avait fait pour les luxations congénitales ce qu'on faisait pour le pied-bot, pour les déviations de l'épine, avant qu'on eût appliqué la myotomie à ces difformités ; on les soumettait à l'extension mécanique, employée d'une manière empirique, dans le but général de vaincre des obstacles dont l'expérience la plus vulgaire avait révélé l'existence ; mais on ne se rendait pas compte des différens élémens qui les constituent, et surtout on ne connaissait pas l'obstacle spécial apporté par la persistance de la cause essentielle de la difformité. Et de même qu'on ne redressait jamais complètement, par ces moyens, un pied-bot ou une déviation de l'épine, d'un certain degré, de même on avait fini par regarder comme à peu près incurables les luxations congénitales. Mais quand on connaît bien le fait de la rétraction active des muscles en lui-même, et dans ses effets identiques sur toutes les différentes parties du système musculaire, on comprend pour les luxations congénitales, comme pour toutes les autres difformités de même origine, l'insuffisance des moyens mécaniques, et la nécessité de moyens plus directement adaptés à leur nature propre, et aux obstacles qui en dépendent. En conséquence, le premier élément à considérer dans le traitement des luxations congénitales, c'est le raccourcissement primitif des muscles rétractés.

Ce n'est pas tout. Quand une luxation a été produite sous l'influence de la rétraction active d'un certain nombre de muscles, tous ceux dont les extrémités ont été rapprochées par suite du déplacement des leviers qu'ils sont destinés à mouvoir se resserrent entre leurs points d'insertion, de toute la quantité du rapprochement de ces points, et il en résulte un raccourcissement passif qui peut aussi, quand il est considérable, quand il existe depuis longtemps, quand il occupe un grand nombre de muscles, opposer une résistance insurmontable à la réduction. Dans les luxations congénitales complètes, la totalité ou la plus grande partie des muscles qui desservent l'articulation sont primitivement rétractés ; mais dans les sub-luxations et les pseudo-luxations, la somme de muscles que peuvent occuper l'une et l'autre forme de rétraction peut varier à l'infini ; un seul faisceau peut être soumis à la rétraction active, tandis qu'un grand nombre de muscles sont rétractés consécutivement; comme aussi l'inverse peut avoir lieu.

Cette rétraction consécutive et passive des muscles, par suite du rapprochement de leurs points d'insertion, est l'effet d'une loi générale et constante que j'ai déjà formulée plusieurs fois en faisant l'histoire du pied-bot, du torticolis et des déviations de l'épine (1). Et, pour faire comprendre son importance pratique dans la question spéciale des luxations congénitales, il suffira de faire remarquer que, dans ces difformités, le rapprochement des points d'insertion de la plupart des muscles qui les entourent est un résultat presque inévitable du déplacement des surfaces articulaires.

La même cause qui détermine le raccourcissement passif des muscles, je veux dire le déplacement des leviers osseux, amène aussi des changemens dans leur *direction*, soit dans leur direction absolue, soit dans le degré d'ouverture de leurs angles d'insertion; et ces nouveaux changemens, en augmentant, comme nous l'avons déjà dit, la difformité, et consécutivement le raccourcissement passif des muscles, peuvent ajouter de nouveaux obstacles à la réduction. C'est ainsi que, dans la luxation congénitale du fémur en haut et en dehors, les adducteurs, en s'insérant au fémur sous des angles plus ouverts par suite de l'obliquité plus grande et d'un certain degré d'ascension de ce dernier, n'apportent pas seulement des empêchemens à la réduction, par leur raccourcissement actuel, mais rendent ces empêchemens plus considérables et ce raccourcissement plus sensible, par suite du redressement du fémur. Alors, leur brièveté s'augmente d'une quantité relative, non seulement à l'étendue que la tête du fémur doit parcourir de haut en bas, mais encore au degré de redressement du membre, par rapport à l'obliquité qu'il présentait de haut en bas et de dehors en dedans. Dans ce dernier cas, en effet, on peut considérer la tête de l'os qu'on veut réduire comme le centre d'un cercle dont les adducteurs mesurent et coupent une partie de la circonférence.

---

(1) Voir le rapport de l'Académie des sciences sur le concours du grand prix de chirurgie, 1837, p. 9 et 10.

La *texture* des muscles qui avoisinent les articulations déplacées peut être altérée de trois manières principales. Ils peuvent être, ou *fibreux* ou *graisseux*, ou *hypertrophiés* avec conservation de l'état charnu.

La traction exagérée et permanente des muscles est, comme je l'ai établi (1), la condition qui détermine leur transformation. Cela explique pourquoi, dans les luxations congénitales, on ne rencontre ordinairement cet état à un degré prononcé que dans les cas où la rétraction a été très énergique, et où l'action des causes auxiliaires n'a pas encore complété la difformité. Dans les luxations complètes, la contraction physiologique des muscles restés sains et l'action verticale de la pesanteur s'opposent plus ou moins, en rapprochant les extrémités des muscles rétractés, à la tension de leurs fibres, et, consécutivement, à leur transformation fibreuse. Le rôle de ces deux causes accessoires n'est pas, du reste, également actif dans toutes les luxations congénitales et pour tous les muscles. Quand les dispositions anatomiques des articulations ne permettent pas à l'une et à l'autre de ces causes de faire chevaucher, dans une grande étendue, les extrémités déplacées, les muscles restant soumis à une forte traction, subissent une dégénérescence fibreuse très prononcée. C'est ce qu'on observe dans les luxations du genou, du pied, du poignet. Mais, quand les articulations présentent des dispositions inverses de celles que je viens de rappeler, les effets cette traction sont en partie contrebalancés par ceux de la contraction physiologique et de l'action verticale de la pesanteur. Ce fait se produit surtout dans les luxations coxo-fémorales en haut et en dehors, où la contraction des muscles puissans qui entourent l'articulation, et le poids du corps, font facilement remonter la tête fémorale dans la fosse iliaque, au-delà des limites où s'arrêterait l'action exclusive de la cause essentielle. Quelquefois cependant la rétraction qui produit cette luxation est tellement énergique, les muscles qui en sont le siége subissent activement et primitivement une telle réduction de longueur, qu'ils restent tendus et deviennent par conséquent fibreux, malgré l'action contraire des causes secondaires. J'ai vu, dans des cas

---

(1) Rapport de l'Académie des sciences, p. 10.

semblables, la tête du fémur maintenue immobile dans la fosse iliaque par suite de l'extrême tension des muscles fessiers ; au milieu de cette rigidité générale, plusieurs faisceaux, plus tendus que les autres, offraient à un haut degré la transformation fibreuse.

Toutes choses égales d'ailleurs, cette transformation est généralement plus avancée dans les muscles contigus aux articulations déplacées que dans les muscles plus éloignés. Cette circonstance s'explique facilement si l'on considère que les premiers de ces muscles, outre qu'ils peuvent être, comme les seconds, primitivement ou consécutivement rétractés, supportent de plus les efforts combinés de la contraction physiologique et de l'action verticale de la pesanteur, qui, en tendant sans cesse à augmenter le déplacement des surfaces articulaires, les poussent contre les parties molles qui les retiennent, et en particulier contre les muscles, et les soumettent à des tractions considérables. C'est ainsi que, dans les luxations fémoro-iliaques en haut et en dehors, dans lesquelles les contractions de presque tous les muscles appartenant à l'articulation, et le poids du corps, enfoncent de plus en plus le bassin entre les deux têtes fémorales, le muscle petit fessier, tiraillé par l'effort continuel de ces têtes, subit la transformation fibreuse à un plus haut degré que le grand fessier ou tout autre muscle de la même articulation, au point de perdre, dans un grand nombre de cas, toute trace de fibres charnues.

La condition essentielle de la *transformation graisseuse* des muscles est leur état de relâchement et d'inertie. Cette transformation dans les luxations congénitales, comme dans les autres difformités articulaires, a donc lieu dans les muscles dont les extrémités, par suite du déplacement des os, ont été rapprochées en deçà des limites de leur longueur normale, de telle sorte qu'ils ne peuvent plus se tendre en ligne droite entre leurs deux points d'insertion. On voit encore un exemple remarquable de ce fait dans les luxations coxo-fémorales en haut et en dehors. Dans ce cas, quelques muscles pelvi-trochantériens et le carré crural en particulier, relâchés par l'ascension de la tête fémorale, subissent fréquemment un degré considérable de transformation graisseuse. Dans le dernier de ces muscles surtout, la transformation est souvent portée jusqu'à la disparition complète du tissu musculaire.

Enfin, *l'hypertrophie* s'observe dans les muscles forcés de déployer de grands efforts de contraction, pour suppléer dans leur action ceux que leurs diverses altérations de dimension et de texture ont rendus impropres à l'exécution de leurs fonctions dynamiques. J'ai particulièrement observé cet état d'hypertrophie dans le muscle grand fessier, à la suite des luxations coxo-fémorales en haut et en dehors. Il était plus volumineux, plus rouge, plus ferme que de coutume, et cet état contrastait, d'une part, avec l'état mince et fibreux des muscles rétractés, et, d'autre part, avec la flaccidité et l'aspect graisseux de quelques muscles relâchés et particulièrement du carré crural.

Les conséquences que l'on peut tirer des observations précédentes, relatives à la réductibilité, à la réduction et à la permanence de la réduction, sont les suivantes :

1° Les muscles primitivement rétractés et passés à l'état fibreux constituent des obstacles la plupart du temps insurmontables à la réduction des luxations congénitales. L'extension mécanique de ces muscles ne peut leur donner que momentanément la longueur suffisante au rétablissement des surfaces articulaires dans leur rapport normal. Leur consistance fibreuse, augmentée par ces tractions, et l'arrêt de développement consécutif dont ils sont frappés, sont des conditions qui ne peuvent que s'accroître après la réduction, brider les mouvemens de l'articulation et devenir des occasions, sinon des causes imminentes et nécessaires de reproduction de la difformité. En conséquence, la section sous-cutanée de ces muscles n'est pas moins indispensable dans le traitement des luxations congénitales que dans celui du pied-bot et des autres difformités articulaires.

2° Les muscles passivement et consécutivement rétractés peuvent acquérir, dans certains cas, un allongement suffisant à la réduction, au moyen de l'extension mécanique. Cependant, si leur raccourcissement est trop considérable, ils deviennent des obstacles insurmontables à la réduction, et subissent, sous l'influence des tractions trop longtemps continuées et trop fortes, la transformation fibreuse. Ils rentrent alors dans la condition des muscles primitivement rétractés; à ce titre, il est indispensable de les diviser sous la peau, comme ces derniers.

3° La transformation graisseuse de certains muscles et l'hypertrophie de quelques autres ne peuvent exercer aucune influence sur la réductibilité et la réduction des luxations congénitales. Leur état peut tout au plus troubler la régularité des mouvemens après la réduction ; mais, par le rétablissement de leurs rapports et de leurs mouvemens normaux, ces muscles reprennent consécutivement leur texture et leur part d'activité normale dans l'exécution des mouvemens de l'articulation réduite.

B. Altérations des vaisseaux, des nerfs, du tissu cellulaire et de la peau.

J'ai plusieurs fois décrit les modifications que subissent les artères, les veines, le tissu cellulaire, la peau, dans les déviations de l'épine, le piedbot et le torticolis. Ces modifications, dans les luxations congénitales, sont soumises aux mêmes lois.

Les *artères*, au lieu de se tendre en ligne droite dans l'angle des déviations des membres, deviennent flexueuses, pour s'accommoder aux accidens de ces déviations. En même temps, elles subissent dans leur calibre une réduction, qui est quelquefois très considérable, jusqu'au point de perdre la moitié ou le tiers de leur calibre normal. Vous voyez un exemple remarquable de cette réduction sur cette pièce, appartenant à une luxation congénitale du fémur, datant de quarante ans. L'artère iliaque primitive correspondant au côté luxé n'a que le tiers du calibre de celle du côté sain.

Ces particularités, relatives au système artériel, méritent d'être notées, eu égard à la réductibilité des luxations congénitales, sous deux points de vue : premièrement, pour montrer que les tractions destinées à réduire la luxation ne peuvent exercer aucune influence fâcheuse sur les artères, puisque ces dernières ont conservé une longueur suffisante pour s'adapter aux articulations réduites ; secondement, pour expliquer comment la réduction n'est pas apte à produire immédiatement le développement du membre luxé, mais peut consécutivement favoriser le retour de la nutrition à son activité normale, par le retour des conditions propres à activer la circulation artérielle.

Les *veines* ne deviennent pas aussi flexueuses que les artères, mais s'infléchissent au niveau des angles des déviations; et, loin de diminuer de calibre, elles se dilatent d'une quantité à peu près proportionnelle à la réduction du calibre des artères. On peut avoir la preuve de ce fait par l'examen direct des veines principales appartenant aux membres luxés, et par la simple inspection des veines qui rampent à leur surface. En effet, on voit dans ces cas, d'une part, un lacis veineux très apparent, et, d'autre part, une coloration bleuâtre de toute la peau correspondante.

Les *nerfs* se raccourcissent et tendent à se diriger en ligne droite entre les deux points extrêmes de leur trajet, rapprochés par la difformité; ce raccourcissement est quelquefois très considérable et devient alors un obstacle très grand à la remise en place des parties luxées, en raison de la résistance qu'ils opposent à leur allongement, et de la douleur qu'occasione leur traction.

Le *tissu cellulaire* est, en général, plus abondant et plus chargé de graisse autour des luxations congénitales. Il occupe principalement les vides que le déplacement des extrémités osseuses et la tension des muscles laissent sous la peau ou dans les espaces intermusculaires; il s'amasse également autour des muscles relâchés, s'insinue entre leurs fibres, et semble prendre la place de la trame charnue à mesure qu'elle disparaît; et cette espèce d'envahissement de la fibre musculaire par le tissu adipeux peut être tel que le muscle disparaisse en entier, ou qu'il n'en reste plus que des filamens irréguliers, d'un jaune pâle, perdus dans une masse amorphe de substance graisseuse.

Enfin, la *peau*, en vertu de l'élasticité dont elle est douée, se resserre ou s'étend pour s'accommoder aux formes et aux dimensions anormales que la luxation donne aux membres luxés, en général, et aux différens élémens qui les composent, en particulier. Quand le degré du déplacement et la rapidité avec laquelle il s'est fait n'ont pas permis à la peau de suivre exactement dans leur retrait les parties sous-jacentes, l'espace laissé entre elles et ces parties se remplit, comme je l'ai dit tout à l'heure, de tissu cellulo-graisseux.

Ces dispositions anormales du tissu cellulaire et de la peau n'opposent jamais d'obstacles sérieux à la réduction des luxations; mais elles ne sont pas tout à fait inutiles à connaître sous le point de vue du traitement préliminaire. En effet, elles contribuent à établir l'utilité de l'extension primitive des membres luxés, dans le but, d'une part, de combler plus ou moins les espaces remplis de tissu graisseux et de le faire diminuer ainsi par compression; d'autre part, de préparer le retour de la peau à ses dimensions normales, et, par ces deux résultats, de faciliter la remise en place et le maintien en rapport des extrémités articulaires déplacées.

C. ALTÉRATIONS DES LIGAMENS ET CAPSULES ARTICULAIRES.

Les ligamens et capsules articulaires offrent des altérations de forme, de dimensions et de texture analogues à celles que j'ai signalées dans les muscles.

Ils peuvent être raccourcis ou allongés. Le raccourcissement des ligamens dans certaines luxations congénitales peut être l'effet d'un retrait actif. Ce fait, que j'ai déjà montré dans certains pieds-bots, appartient également aux luxations, sub-luxations et pseudo-luxations congénitales; mais c'est surtout dans les déplacemens articulaires du genou et du pied que j'ai eu l'occasion de vous le faire constater. Vous avez vu souvent ici, dans le renversement de l'astragale en dehors et dans l'adduction extrême de l'avant-pied, le ligament latéral interne de l'articulation tibio-tarsienne et le ligament astragalo-scaphoïdien réduits au tiers ou au quart de leur longueur, et en même temps durs et tendus comme des cordes; vous avez vu une disposition analogue du ligament latéral externe de l'articulation tibio-fémorale dans les déviations du genou en dedans; et, quand la bride formée par ces ligamens a été coupée, vous avez pu sentir plus profondément la capsule articulaire elle-même retractée et faisant obstacle au redressement.

Le raccourcissement des parties ligamenteuses des articulations sousl'influence du retrait passif est un effet presque nécessaire du déplacement des surfaces articulaires. Les fibres ligamenteuses, comme les fibres musculaires, se resserrent pour se tendre en ligne droite entre leurs points d'insertion, et le raccourcissement qui en résulte devient aussi, à une certaine époque, un obstacle permanent que l'extension mécanique ne suffit plus à vaincre.

Les parties ligamenteuses dont les points d'insertion ont été écartés par le déplacement ou l'écartement des extrémités articulaires, se prêtent aux tiraillemens qu'elles subissent, s'allongent, s'amincissent, s'adaptent à toutes les variations de dimension et de forme des parties qu'elles unissent ou qu'elles enveloppent. Cette circonstance de l'intégrité des ligamens et de leur allongement dans les premières années de l'existence des luxations congénitales, différencie complètement ces dernières, des luxations traumatiques dans lesquelles les ligamens et les capsules sont toujours déchirés et perforés à un certain degré.

Voici plusieurs pièces appartenant à de jeunes sujets, dans lesquelles on voit la tête du fémur complètement luxée dans la fosse iliaque, et les capsules articulaires alongées et exemptes de toute solution de continuité. Cette autre pièce, que vous avez sous les yeux, représente un cas de ce genre ; une incision pratiquée à la capsule a mis à découvert le ligament rond, qui est plus mince, plus long que de coutume, mais qui n'a pas cessé de s'insérer aux deux surfaces articulaires.

Une disposition bien importante à connaître sous le point de vue des obstacles qu'elle peut apporter à la réduction des luxations congénitales, et qui n'est pas propre exclusivement aux luxations fémoro-iliaques, mais qui s'offre, dans ces luxations, à un degré plus prononcé que dans aucune autre, est la suivante : En raison de l'éloignement réciproque de la tête fémorale et de la cavité cotyloïde, la capsule articulaire allongée forme d'abord une sorte de tube membraneux, dont la pression atmosphérique rétrécit la cavité et tend à mettre les parois en contact. Ce tube membraneux, soumis ainsi à un retrait concentrique consécutif, se resserre de plus en plus ; mais rempli à une de ses extrémités par la tête fémorale, attaché par l'autre extrémité à tout le pourtour de la cavité cotyloïde, les effets de son retrait concentrique, bornés en ces deux points, se font d'autant plus sentir qu'on se rapproche davantage d'un point intermédiaire entre ces extrêmes. Il résulte de là que le tube membraneux formé par la capsule prend peu à peu une forme grossièrement comparable à celle d'un sablier, c'est-à-dire qu'il représente deux cônes dont les deux sommets se confondent et dont les bases adhèrent au pourtour des deux surfaces articulaires disjointes.

. Enfin, le système ligamenteux des articulations luxées subit des *altérations de texture* analogues à celles des muscles, sauf certaines modifications en rapport avec les différences d'organisation. Les ligamens deviennent graisseux et s'atrophient sous l'influence du relâchement et de l'inertie, mais beaucoup moins rapidement et toujours à un degré moins considérable que les muscles. Là où les muscles deviennent fibreux, c'est-à-dire sous l'influence de la traction de leurs fibres, les ligamens et les capsules articulaires, déjà fibreux de leur nature, deviennent osseux; mais cette transformation osseuse des ligamens exige en outre qu'ils ne soient pas seulement tendus, mais maintenus dans une immobilité complète. La seule immobilité suffit dans certains cas, comme chez le vieillard, pour amener l'ossification des ligamens.

On voit, par ce qui précède, que les altérations des ligamens et des capsules articulaires, analogues à celles des muscles, offrent sous le point de vue de la réductibilité des luxations une importance du même genre.

1° Les ligamens, comme les muscles, peuvent constituer, dans certains cas, par leur retrait primitif ou consécutif, des obstacles invincibles à la réduction. Comme eux, ils peuvent, après la réduction, et par suite de la brièveté relative toujours croissante qu'entraîne leur arrêt de développement, produire, en partie ou en totalité, le déplacement des surfaces articulaires. Comme eux, par conséquent, ils doivent être soumis, dans ces cas, à la section sous-cutanée.

2° Les mêmes observations s'appliquent aux capsules articulaires. De plus, une des dispositions qu'elles présentent mérite d'être prise particulièrement en considération, sous le point de vue de la réductibilité ; je veux parler de l'oblitération de leurs cavités par suite de leur retrait con-

centrique : quand cette oblitération est portée à un degré considérable, elle devient une condition absolue d'irréductibilité, en mettant un
obstacle insurmontable au retour de la tête dans la cavité.

3° L'allongement des ligamens et des capsules, consécutif à leur dis-
tension, peut devenir un obstacle sérieux, non pas à la réduction elle-
même, mais au maintien de cette réduction. Il doit donc être pris en
grande considération dans le traitement consécutif des luxations congénitales.

Telles sont les principales altérations que présentent les parties molles
voisines des luxations congénitales. Je viens de les décrire dans leur expression la plus générale ; mais pour en avoir une idée exacte et complète, il faut connaître les modifications nombreuses qu'elles peuvent présenter, 1° dans leur marche et leur développement ; 2° dans leur degré,
et même dans leur nature, suivant le plus ou moins d'ancienneté et le
degré de la difformité.

En premier lieu, ce qu'il importe surtout de constater, c'est que la
rétraction musculaire active étant une fois réalisée, toutes les altérations qui en découlent immédiatement ou médiatement ne naissent et ne
se développent que d'une manière graduée, depuis zéro d'existence jusqu'à leur expression la plus accentuée. C'est l'ignorance de ce principe
qui a fait émettre sur la question de la réductibilité des luxations congénitales des idées tout à fait erronées.

J'ai dit dans la première partie de ces conférences, qu'ordinairement les déplacemens articulaires ne sont pas immédiatement complets,
mais que, renfermés d'abord dans le champ des sub-luxations, ils se complètent ensuite d'une manière progressive. Il résulte de là que les circonstances pathologiques qui précèdent, accompagnent, ou suivent ces déplacemens, c'est-à-dire le raccourcissement des muscles, soit actif, soit passif ; leur état de tension ou de relâchement ; les deux principales altérations
de texture subordonnées à l'un ou à l'autre de ces états ; que toutes ces
circonstances pathologiques, considérées seulement dans leurs rapports
avec la cause spéciale dont elles dépendent, sont subordonnées dans leur
marche à la somme et à la continuité d'action de cette cause. Ainsi, le muscle

frappé d'arrêt de développement subit une traction, et partant une transformation fibreuse, graduellement croissantes, à mesure que se développent
et s'allongent les parties du squelette auxquelles il s'insère. Ainsi les muscles sains, compris dans l'angle formé par la déviation d'un membre, subissent d'abord un retrait passif, puis un relâchement et une transformation graisseuse de plus en plus considérables à mesure qu'augmente la difformité et partant à mesure que les points d'insertion des muscles se rapprochent davantage.

Les mêmes remarques s'appliquent aux ligamens et aux capsules.

C'est ainsi qu'à l'origine des luxations coxo-fémorales, le ligament rond
est d'abord faiblement allongé, puis s'allonge d'une manière considérable et proportionnelle à l'étendue du déplacement, puis s'use, se déchire, se rompt, et finit même par disparaître entièrement, le tout sous
l'influence graduée et continue des causes qui réalisent et complètent la
luxation, et plus immédiatement sous l'influence des effets de cette dernière.

Parmi les articulations dont les capsules peuvent être atteintes, il
en est une qui mérite d'être étudiée spécialement sous le point de vue
de sa marche graduelle et du temps qu'elle met à se compléter, parce
que cette étude lève une grande difficulté relative à la curabilité des
luxations congénitales : je veux parler de l'oblitération du tube membraneux formé par la capsule articulaire, et qui sépare, dans les luxations
du fémur principalement, la tête déplacée de son ancienne cavité. On
avait ouvert des sujets d'un âge avancé, affectés de luxations congénitales du fémur sur l'os iliaque, et, trouvant la communication interrom-
pue entre la tête fémorale et la cavité cotyloïde, par suite de l'oblitération de la cavité de la capsule, on avait généralisé ce fait pour tous les
cas, et on en avait conclu que ces luxations sont irréductibles. Or,
l'observation directe apprend que, dans les premiers temps de la vie, il
n'existe aucun étranglement de la capsule articulaire ; puis, quand il a
commencé à se faire, il n'augmente que lentement ; ce n'est guère que
vers l'âge de douze à quatorze ans qu'il oppose un obstacle sérieux au
passage de la tête fémorale ; et enfin le défaut absolu de communication

entre cette tête et la cavité ne devient complet que dans un âge très avancé.

En effet, nous avons rencontré sur le cadavre deux cas de luxation congénitale datant de vingt et vingt-cinq ans, dans lesquels la communication dont il s'agit existait encore ; et M. Sédillot en a fait connaître un autre provenant d'un sujet âgé de plus de trente ans, chez lequel il a pu réduire la luxation.

On voit donc, que sous ce point de vue spécial, la réduction peut encore être tentée à une époque assez avancée de la vie.

En second lieu, l'intervention plus ou moins active ou plus ou moins prolongée des causes auxiliaires entraîne, ai-je dit, des modifications dans le degré et même dans la nature des altérations que subissent les parties molles voisines des articulations luxées. En effet, d'une part l'arrêt de développement des muscles rétractés, la contraction physiologique et l'action verticale de la pesanteur, en augmentant le déplacement des surfaces articulaires, augmentent en même temps le *degré* de traction et de transformation fibreuse des muscles dont ce déplacement éloigne les points d'insertion et le *degré* de relâchement et de transformation graisseuse des muscles dont les deux extrémités sont au contraire de plus en plus rapprochées. C'est ainsi que dans la sub-luxation en dehors du tibia sur le fémur, par suite de la rétraction énergique, mais isolée, du tenseur aponévrotique, le degré de tension du ligament latéral interne, et le degré de relâchement du biceps et du ligament latéral externe, ainsi que les lésions de structure correspondantes, sont subordonnés au degré toujours croissant de déviation de la jambe, sous l'influence plus ou moins prolongée des trois causes auxiliaires. D'autre part, cette action ou plutôt l'action de deux d'entre elles, peut, à la longue, changer la tension d'un ou de plusieurs muscles en relâchement, et consécutivement sa transformation fibreuse en transformation fibro-graisseuse. Supposez, dans l'exemple précédent, tel degré déterminé de rétraction du *tenseur aponévrotique* et du ligament latéral externe, avec un degré proportionnel de déviation de la jambe en dehors ; tant que le sujet grandit, tant que les os de la cuisse et de la jambe s'allongent, le muscle et le ligament rétractés, frappés d'arrêt de développement, ne peuvent les suivre dans cette élongation ; ils subissent nécessairement un degré de traction qui s'ajoute à celui qui résultait déjà de leur raccourcissement primitif. Mais quand la croissance du sujet est achevée, les deux causes auxiliaires dont l'action persiste et dure toute la vie, à savoir : la contraction physiologique et l'action verticale de la pesanteur, en augmentant sans cesse la déviation de la jambe, peuvent rapprocher les points d'insertion du tenseur aponévrotique et du ligament à un degré tel, qu'ils cessent d'être tendus et par conséquent affranchis des conditions de la texture fibreuse, pour subir celles de la transformation graisseuse. Ne voit-on pas, dans cet exemple, les causes les plus opposées se succéder et entraîner successivement, dans les mêmes parties, les effets opposés qui leur sont propres ?

C'est pour toutes ces raisons, relatives au degré et à l'ancienneté de la difformité, et à l'action plus ou moins active et plus ou moins prolongée des causes accessoires, que, dans les luxations congénitales observées chez le vieillard, on trouve en général la transformation graisseuse des muscles relâchés beaucoup plus prononcée que chez l'enfant ou chez l'adulte, et souvent même la transformation fibro-graisseuse ou tout à fait graisseuse des muscles dont la rétraction primitive avait produit le déplacement des surfaces,

§ II. — ALTÉRATIONS DES EXTRÉMITÉS ARTICULAIRES.

Ces altérations ne sont pas moins utiles à connaître au point de vue de la réductibilité. Elles sont de deux sortes : les unes, *générales,* communes à toutes les articulations, résultant d'un changement de totalité survenu dans la forme, le volume, la structure des extrémités déplacées par suite de la cessation du contact et du maintien en rapport des surfaces; les autres, *locales,* consistant dans des altérations partielles produites par l'application prolongée d'une extrémité articulaire contre une surface osseuse inaccoutumée, et de la pression de l'une sur l'autre sous l'influence de la contraction musculaire et de l'action verticale de la pesanteur.

Je vais suivre cette distinction en l'appliquant successivement aux têtes articulaires et aux cavités.

1° ALTÉRATIONS DES TÊTES ARTICULAIRES.

A. *Altérations générales.* La tête articulaire, par cela seul qu'elle n'est plus embrassée par la cavité, ou mise en rapport avec la surface qui la recevait, se déforme et perd ses conditions de parfaite coaptation. On trouve un exemple remarquable de ce fait dans les luxations congénitales du fémur, ainsi que vous pouvez le voir dans les pièces placées sous vos yeux. Dans quelques cas la surface de la tête fémorale est inégale, bosselée, et présente çà et là des parties boursoufflées. Dans un autre cas, dont voici la figure, cette même surface est traversée par des sillons qui la divisent en quelque sorte en plusieurs compartimens.

Ces formes anormales des extrémités articulaires peuvent varier à l'infini. Vous avez sous les yeux une pièce dans laquelle les deux têtes fémorales luxées offrent de grandes différences dans l'expression de leur déformation générale.

Continuons l'application de nos remarques aux luxations coxo-fémorales. Vous voyez qu'indépendamment de ce que la tête fémorale perd sa sphéricité, elle subit encore une réduction de volume. Cette réduction n'est pas le résultat d'une atrophie ou d'une destruction partielles ; elle porte sur la totalité de l'extrémité articulaire et sur le col même, qui est généralement raccourci. Toute la tête se rabougrit par degrés, dans des proportions relatives, non pas au plus ou moins d'activité des causes secondaires, mais seulement au plus ou moins d'ancienneté de la difformité.

Enfin, de même que vous avez vu, dans le pied-bot équin porté à un degré considérable, la totalité ou la presque totalité de la poulie astragalienne privée de son cartilage; de même, dans la luxation congénitale, la tête déplacée n'étant plus lubréfiée par la synovie, ni soumise au contact de la surface articulaire correspondante, perd graduellement son cartilage. Il devient d'abord plus sec, plus grisâtre, puis diminue d'épaisseur, couche par couche, dans toute l'étendue de sa surface, et lorsque la capsule est perforée, cette altération s'observe principalement au niveau du contact de la tête avec l'os iliaque. Dans ce point, le cartilage finit souvent par disparaître tout à fait pour laisser à sa place une surface éburnée.

Ce n'est pas le lieu de faire remarquer les différences essentielles que présentent les altérations consécutives des luxations congénitales avec celles qui sont propres aux luxations coxalgiques. Ces dernières portent avec elles, et dans leur expression particulière, et dans leur entourage, une physionomie qui ressort entièrement de leur nature.

B. *Altérations locales.* Les têtes articulaires, incessamment pressées contre une surface osseuse, éprouvent, dans le point où porte la pression, un aplatissement plus ou moins considérable. Dans quelques cas, la tête étant appliquée contre le rebord de la cavité ou de la surface articulaire reçoit l'empreinte de ce rebord, et se déprime d'une manière circonscrite, et même quelquefois sous forme de rainure. Voici des exemples de ce mode d'altération fournis par des luxations du fémur sur le rebord supérieur de la cavité cotyloïde, et par une luxation incomplète de l'humérus sur le bord interne de la cavité glénoïde.

L'influence des pressions locales ne se borne pas aux surfaces articulaires. Elle retentit encore sur des parties plus éloignées des extrémités articulaires. Par exemple, la tête du fémur ne s'insère plus sur le col suivant l'obliquité normale; mais cette insertion tend, avec les progrès de l'âge, à devenir plus horizontale. Le col lui-même, raccourci, comme je l'ai dit tout à l'heure, participe à ce changement de direction, et s'insère plus perpendiculairement à l'axe du fémur. Voici une pièce provenant d'un sujet de 73 ans, sur laquelle cette disposition de la tête existe à un degré très prononcé.

2° ALTÉRATIONS DES CAVITÉS ET DES SURFACES ARTICULAIRES.

A. *Altérations générales.* Les cavités et les surfaces articulaires subissent des altérations analogues à celles des têtes correspondantes, se rétrécissent et tendent à se combler.

La déformation des cavités et surfaces articulaires est d'autant plus appréciable qu'on l'observe dans des cavités plus marquées et plus profondes. On peut surtout la constater et en suivre le développement dans les cavités cotyloïdes.

Le mode de rétrécissement de ces cavités, et la forme qu'elles prennent en se rétrécissant, rappellent, jusqu'à un certain point, la forme qu'elles affectent dans les premiers temps de l'évolution intra-utérine. On sait, en effet, que la cavité cotyloïde résultant, chez le fœtus, du rapprochement de trois pièces osseuses distinctes, est d'abord triangulaire et superficielle. Eh bien ! dans la vie extra-utérine, cette cavité, privée de sa tête par suite d'une luxation congénitale, tend à reprendre graduellement sa forme triangulaire, à mesure qu'elle se rétrécit.

Cette simultanéité d'altérations générales des têtes et des cavités articulaires, marchant pour ainsi dire de front dans les unes et dans les autres, sous la seule influence d'une cessation de rapport entre elles, est un fait des plus remarquables. Cette simultanéité est telle, que la déformation et la réduction de volume des têtes, et la déformation et le rétrécissement des cavités, se font presque dans les mêmes proportions. Cette remarque n'est pas un simple aperçu, mais un fait bien établi, résultant de la comparaison de 40 cas environ de luxations congénitales du fémur, dans lesquelles j'ai mesuré, avec toute la rigueur possible, les dimensions respectives de la tête du fémur et de la cavité cotyloïde. Le défaut de rapport des surfaces est si bien la condition essentielle des altérations dont il s'agit, que la tête luxée ne se déforme pas et conserve son volume normal, dès qu'une cavité artificielle se forme pour la recevoir ; quelquefois même la tête augmente de volume. Voici une pièce qui vous offre une double luxation congénitale du fémur ; vous voyez que, d'un côté où il n'existe pas de cavité articulaire nouvelle, la tête est déformée et d'un très petit volume ; tandis que, du côté opposé, où une cavité nouvelle s'est creusée, la tête a conservé sa forme et a évidemment augmenté de volume.

Les cavités et surfaces articulaires tendent à se combler, en raison de leur degré de profondeur et de l'ancienneté de la difformité. Cette oblitération naît de deux sources distinctes ; d'une part, du soulèvement du fond de la cavité qui semble végéter et se boursouffler par suite du défaut de pression de l'extrémité articulaire absente ; d'autre part, de la production d'un tissu cellulo-graisseux qui semble être l'hypertrophie et la dégénérescence du tissu normal qui occupe le fond ou les interstices de toutes les cavités articulaires.

B. *Altérations locales.* Les altérations locales des cavités sont moins fréquentes et moins prononcées que celles des têtes articulaires. Elles n'existent que dans les cas de sub-luxations, c'est-à-dire lorsque l'extrémité luxée repose sur un point de la circonférence de la cavité ou surface articulaire, et exerce sur ce point une pression continue. Les altérations de ce genre que j'ai rencontrées jusqu'ici se rapportent à deux modes particuliers. Ou bien le rebord de la cavité ou de la surface articulaire est affaissé et forme un plan continu entre cette cavité ou cette surface et la partie de l'os qui lui fait suite et sur laquelle repose l'extrémité luxée, ou bien la cavité s'élargit dans le sens de la pression, en cédant à l'effort continu de la tête articulaire appliquée contre une de ses parois.

Si maintenant nous résumons toutes les conséquences que peuvent entraîner, sous le point de vue de la réductibilité, les diverses altérations que nous venons d'indiquer, nous verrons que ces conséquences varient suivant le degré ou le nombre des altérations.

1° Quand, par suite de l'absence d'une cavité articulaire nouvelle, la tête luxée se déforme et diminue de volume, en même temps que la cavité correspondante se rétrécit et tend à se combler, le rapport presque exact de degré que conservent entre elles, pendant toute la durée de leur développement, les altérations des surfaces articulaires correspondantes, rend généralement possible le rétablissement de leurs rapports. En ce sens, ces altérations, considérées isolément, ne s'opposent donc pas à la réduction. Mais elles exercent sur la permanence de la réduction, ou sur son degré de consolidation, une influence relative à leur degré de développement. Quand ce degré est très considérable, les extrémités articulaires réduites peuvent se déplacer de nouveau, et la luxation se reproduire sous l'influence de la contraction physiologique et de l'action verticale de la pesanteur. A un degré moins prononcé, ces altérations entraînent encore, après la réduction, un défaut d'assurance et de régularité dans les mouvemens de l'articulation. Cependant, ces obstacles au maintien de la réduction ne doivent pas se mesurer seulement sur les conditions anatomiques que présentent les extrémités déplacées au moment même où cette réduction est opérée ; car le seul fait de la mise en rapport de ces extrémités entraîne, dans leur nutrition, des modifications inverses de celles qu'avait entraînées leur défaut de rapport, et tend à rendre peu à peu, aux têtes et aux cavités ou surfaces articulaires, leurs formes et leurs dimensions primitives et corrélatives. Ce retour des extrémités articulaires aux conditions normales est plus ou moins complet, suivant que leurs altérations étaient plus ou moins considérables. On peut difficilement prévoir l'époque à laquelle ces altérations ont acquis un degré de développement capable de s'opposer entièrement au maintien de la réduction ; mais, en général, on peut dire qu'à cette époque elles perdent de leur importance, parce qu'il existe ordinairement alors d'autres obstacles, soit au maintien de la réduction, soit à la réduction elle-même.

La conséquence définitive de ces considérations, c'est la nécessité d'un traitement consécutif destiné à rétablir, maintenir et consolider la coaptation des parties réduites.

2° Quand, par suite de la formation d'une cavité articulaire nouvelle, la tête luxée n'a rien perdu de sa forme et de son volume, et à plus forte raison quand elle a acquis des dimensions supérieures aux dimensions normales, en même temps que la cavité correspondante s'est déformée et rétrécie, le défaut de rapport qui en résulte entre la forme et les dimensions des deux surfaces articulaires devient une condition d'irréductibilité. Nous verrons, du reste, tout à l'heure, que cet obstacle n'est pas le seul qui naisse de l'existence de cavités articulaires de nouvelle formation.

3° Quant aux altérations locales des extrémités articulaires, elles ne peuvent pas non plus s'opposer à la mise en contact des surfaces correspondantes. Mais, d'une part, les dépressions partielles qu'elles ont subies peuvent diminuer plus ou moins les conditions et la solidité de la coaptation ; d'autre part, les changemens de direction et de dimension de ces extrémités entraînent, dans la longueur des membres, des changemens

correspondans qui empêchent, même après la réduction, le rétablissement complet et régulier des mouvemens. C'est ainsi que l'horizontalité
du col du fémur dans les luxations coxo-fémorales entraîne dans le membre abdominal un léger raccourcissement, qui entretient après la réduction, dans les cas où la luxation n'existe que d'un seul côté, une légère
claudication du côté correspondant.

4° Les déformations articulaires et le relâchement des capsules après
la réduction réalisent, par leur combinaison, un nouvel ordre de conditions qui tendent à reproduire incessamment la luxation. En effet, on sait et
nous avons concouru à démontrer (1) que les extrémités articulaires sont
maintenues solidement en contact, surtout par la pression atmosphérique. Or, ce résultat réclame pour condition expresse, 1° que les surfaces articulaires se correspondent exactement par tous leurs points; 2°
que les capsules articulaires les circonscrivent de manière à former entre ces diverses parties une coaptation hermétique. Ces deux conditions
n'existant pas dans les cas de déformation considérable des surfaces articulaires luxées et de relâchement des capsules, il en résulte une tendance
permanente au retour de la luxation, sous l'influence des moindres mouvemens de l'articulation.

Toutes les altérations des extrémités articulaires sont, comme celles des
parties molles, subordonnées au degré et à l'ancienneté de la luxation.
Au moment où se fait le déplacement des surfaces, aucune d'elles n'existe
encore. Ce n'est qu'à partir de ce moment que les têtes articulaires commencent à se déformer et à diminuer de volume, les cavités à s'oblitérer
et à se rétrécir, mais graduellement, lentement, de telle sorte que tous
ces changemens ne deviennent véritablement appréciables qu'à une époque déjà avancée de la difformité.

Cette dernière observation conduit à deux conséquences importantes :
La première, c'est que, si les luxations congénitales peuvent, à une
époque donnée, devenir irréductibles par suite des altérations qu'ont su-

---

(1) Mémoire sur l'intervention de la pression atmosphérique dans le
mécanisme des exhalations séreuses.

bies les extrémités articulaires, il n'en est pas de même au début et pendant tout le temps qu'il faut à ces altérations pour acquérir un certain degré. On a vu réduire et j'ai réduit moi-même des luxations congénitales du fémur, jusqu'à l'âge de 10 ans, et M. Gaillard a communiqué à l'Académie de médecine un cas de luxation congénitale scapulo-humérale, réduite et maintenue réduite chez une jeune fille de 16 ans.

La seconde conséquence, c'est que tous les faits relatifs aux changemens qu'éprouvent les extrémités articulaires, dans les luxations congénitales, échappent aux anciennes théories. La plupart des auteurs avaient cru voir dans ces changemens des signes d'un arrêt et même d'une absence complète de développement, et avaient pensé que c'était là la cause de la difformité. Mais en observant les faits dans leur ensemble, en les suivant dans toutes les phases de leur évolution, on reconnaît facilement combien ils sont contraires à cette théorie. Ainsi, nous venons de voir que, dans la luxation coxo-fémorale ancienne, la tête du fémur est déformée et réduite de volume, que la cavité cotyloïde est triangulaire et plus ou moins oblitérée. Ces dispositions anatomiques, considérées isolément et dans un seul ordre de faits appartenant tous à une même époque de la difformité, paraîtraient s'accorder, jusqu'à un certain point, avec la théorie de l'arrêt de développement; mais nous avons vu aussi qu'au début de la difformité, la tête et la cavité sont parfaitement intactes, et que les altérations dont elles deviennent le siége ne se développent que lentement et par degrés. Donc ces altérations, loin d'être le point de départ de la difformité, n'en sont même pas le produit direct et immédiat, et dépendent seulement de conditions anormales consécutives, réalisées par l'ancienneté de la difformité.

§ III. — Altérations des diverses parties du squelette, entourant les luxations congénitales.

Nous allons considérer ces altérations dans le siége même occupé par la tête luxée, principalement dans les cavités articulaires de nouvelle formation aux diverses phases de leur développement; nous les étudierons ensuite dans les parties du squelette avoisinant la luxation.

1° DES CAVITÉS ARTICULAIRES DE NOUVELLE FORMATION.

Etablissons d'abord un fait révélé par l'observation directe. C'est que parmi les sujets affectés de luxations congénitales, il en est qui présentent des cavités articulaires de nouvelle formation, d'autres qui n'en présentent pas, même à un âge très avancé, à 60 ou 70 ans, par exemple. Il existe donc des conditions positives qui empêchent ou provoquent le développement de ces cavités.

Or, il résulte de l'examen que j'ai fait d'un grand nombre de pièces anatomiques, que les conditions qui empêchent la formation de cavités artificielles, sont l'intégrité de la capsule et le défaut de contact immédiat entre la tête et la surface de l'os sur lequel elle appuie, et que celles qui déterminent au contraire la formation de ces cavités sont le déchirement ou l'usure de la capsule et la mise en contact de la tête avec une surface osseuse. Parmi les pièces que je vous présente, et dont la plupart appartiennent aux luxations congénitales du fémur, vous en voyez qui portent des cavités artificielles parfaitement formées et presque aussi profondes que des cavités normales; d'autres qui n'en offrent pas même les traces, quoique appartenant à des sujets du même âge que les premiers; or, chez tous, vous remarquez un rapport constant entre la présence ou l'absence des cavités nouvelles et l'intégrité ou la perforation de la capsule articulaire. Ce rapport est l'expression d'une loi si positive, qu'on peut suivre, sur les pièces, les différens degrés et la date plus ou moins ancienne de la destruction de la capsule, depuis le simple bourgeonnement de la surface de l'os iliaque correspondant à l'usure partielle et circonscrite de la membrane capsulaire, jusqu'à la formation complète d'une cavité capable de loger la tête du fémur correspondant à la destruction et à la disparition d'une large portion de cette membrane.

L'examen des luxations traumatiques confirme l'exactitude de la loi que j'ai établie (1). Dans ces luxations, en effet, où la violence immédiate

____

(1) Voyez le rapport de l'Académie des sciences, page 10.

imprimée à l'articulation déchire et perfore toujours la capsule, dans une certaine étendue, on voit commencer, après quelques mois, un travail de formation des cavités artificielles, lesquelles atteignent toujours, au bout d'une année environ, un degré de développement bien prononcé.

Voici plusieurs pièces provenant de luxations traumatiques qui ne dataient pas de deux ans ; chez toutes cependant, existent des cavités nouvelles plus ou moins complètes. En voici une entre autres qui provient d'un aliéné atteint d'une luxation traumatique de l'humérus et chez lequel, sous l'influence de mouvemens continus de l'articulation luxée, un commencement de cavité articulaire nouvelle s'est formée en trois mois.

Dans les luxations congénitales, l'époque à laquelle ces cavités commencent à se former varie en raison du plus ou moins de rapidité avec laquelle s'use et se déchire la capsule articulaire. On peut dire en général que cette époque correspond à l'âge de 12 à 14 ans ; au moins est-il rare d'observer avant cet âge une cavité nouvelle un peu prononcée. Mais cette règle n'a rien de fixe ni de précis ; car, d'une part, il est impossible de saisir le moment où la cavité commence son travail de formation, et d'autre part, la membrane capsulaire peut résister plus ou moins longtemps aux causes de destruction, ou même conserve pendant toute la vie son intégrité. Voici le bassin d'une femme de 73 ans qui portait une double luxation congénitale des fémurs. D'un côté, la capsule articulaire est largement perforée et la tête est parfaitement embrassée par une cavité osseuse de nouvelle formation ; tandis que du côté opposé, où la capsule est intacte, il n'y a pas de trace de cavité, mais seulement une dépression du point de l'os iliaque contre lequel appuyait la tête du fémur.

L'existence ou l'absence de cavités articulaires nouvelles réalisent deux conditions opposées de réductibilité des luxations congénitales. En quoi consistent, au point de vue anatomique et mécanique, ces conditions ?

C'est encore un fait expérimental, qu'une fois la capsule articulaire perforée et la tête luxée mise en contact immédiat avec la surface osseuse qui la supporte, et à mesure que se creuse la cavité artificielle, les bords de la déchirure contractent peu à peu des adhérences avec les bords de cette cavité, de la même manière que dans l'état physiologique, la capsule adhère au sourcil des cavités normales. La tête luxée se trouve donc à la longue solidement maintenue dans des rapports anormaux. Dans ces pièces que je vous présente, et qui sont relatives à des luxations coxo-fémorales, vous voyez des exemples de cette disposition ; vous pouvez constater la perforation de la capsule articulaire, et l'adhérence intime des bords de la déchirure avec le bord saillant de la cavité creusée sur la face externe de l'os iliaque.

Or, la conséquence immédiate de ce fait, est l'existence d'un obstacle permanent et insurmontable à la descente de la tête luxée. Pour opérer ce résultat, il faudrait précisément produire, dans cette articulation artificielle, ce que la luxation traumatique produit dans les articulations normales, c'est-à-dire le déchirement violent de la capsule ou l'arrachement des brides fibreuses qui la fixent au pourtour de la cavité. Mais d'abord, une pareille manœuvre présenterait de grandes difficultés d'exécution, et pourrait entraîner de graves accidens. Ensuite, l'exécutât-on impunément, qu'elle n'offrirait pas encore des avantages certains ; car la tête une fois descendue et replacée dans sa cavité normale, la capsule, en grande partie détruite par l'ancienne perforation et par les dilacérations récentes, ne pourrait plus l'y retenir ; et il arriverait, ou bien que le peu de solidité de la coaptation des surfaces articulaires ne permettrait pas les mouvemens de l'articulation réduite, ou bien que la luxation se reproduirait dans des conditions plus défavorables qu'avant la réduction. Faisons toutefois une restriction en faveur des luxations des plus petites brisures du squelette, comme des orteils et des doigts, dans lesquelles ces conditions d'irréductibilité seraient peut-être moins absolues. Mais l'expérience ne nous a encore rien appris à cet égard.

Enfin, non seulement la capsule articulaire se soude par les bords de sa déchirure au pourtour de la cavité artificielle, mais elle peut encore contracter, dans une plus ou moins grande étendue de sa surface extérieure, des adhérences avec les parties molles qui la recouvrent immédiatement, les muscles par exemple. C'est ainsi que dans la luxation coxo-fémorale congénitale très ancienne, les fibres du petit fessier se confondent entièrement avec la capsule articulaire, et concourent pour leur part à la fixer au pourtour du cotyle de nouvelle formation.

Mais avant que la capsule articulaire soit entièrement perforée par la tête luxée, elle contracte avec les surfaces osseuses contre lesquelles elle est appliquée, des adhérences fibro-celluleuses qui constituent, en quelque façon, les préliminaires des conditions d'irréductibilité produites par l'existence d'une cavité nouvelle. En effet, ces adhérences, réalisées par des brides plus ou moins solides, s'opposent au déplacement de l'extrémité articulaire qu'elles fixent. Elles constituent donc des obstacles, dans quelques circonstances, insurmontables, à la réduction, mais qui peuvent être vaincus au moyen des incisions sous-cutanées. Remarquons toutefois que ces brides, celluleuses dans les premières années, ne deviennent épaisses et résistantes qu'à un âge assez avancé.

2° ALTÉRATIONS DES PARTIES DU SQUELETTE AVOISINANT LA DIFFORMITÉ (1).

Les parties du squelette qui avoisinent la difformité subissent, dans

---

(1) A propos de cette partie de nos conférences, nous ne pouvons laisser sans réponse une espèce d'accusation de plagiat que M. Sédillot a cru devoir diriger l'autre jour à l'Ecole-de-Médecine, en argumentant la thèse de M. Sanson, contre tous ceux qui se sont occupés dans ces derniers temps de l'anatomie pathologique des luxations congénitales. M. Sédillot n'a pas formulé nettement son accusation : il s'est renfermé dans des assertions générales sans indications ni preuves, de manière qu'on ne sait pas clairement contre qui et sur quoi portent ses réclamations. Cependant, comme notre nom a été mêlé, nous ne savons trop pourquoi, à cette récrimination, il nous importe de bien établir, en ce qui nous concerne, que M. Sédillot n'a dû et n'a pu rien dire, ni sous-entendre, qui fût dans le cas de légitimer en quoi que ce soit ses insinuations.

M. Sédillot a dit que ses recherches sur l'anatomie pathologique des luxations anciennes et congénitales, présentées à l'Académie des sciences en 1835, avaient été consultées par plusieurs personnes, entre autres par MM. Bouvier et Guérin, qui les avaient mises à profit pour leurs travaux couronnés par l'Académie, et que ce mémoire, égaré au secrétariat de l'Institut, ou dans les mains de M. Breschet, n'avait été l'objet d'aucun rapport. Jusque-là, M. Sédillot serait resté dans le vrai ; mais il a ajouté que les personnes qui avaient pu consulter son manuscrit n'avaient peut-être pas reconnu d'une manière assez explicite l'origine de plusieurs idées présentées par eux comme nouvelles. A cette insinuation, dont leur ensemble et dans chacune des pièces qui les composent, des changemens de forme de direction et de dimension. Ces changemens sont communs à la plupart des luxations congénitales ; mais c'est surtout dans les luxations coxo-fémorales en haut et en dehors qu'ils se manifestent à un degré prononcé.

Les premiers auteurs qui s'étaient occupés des luxations congénitales du fémur avaient méconnu cet ordre de lésions. Dupuytren, entre autres, croyait qu'elles n'exerçaient aucune influence sur la forme et la direction des os du bassin. C'est à M. Sédillot que l'on doit les premières recherches sur ce point : ce chirurgien a parfaitement démontré et a démontré le premier d'une manière précise que, dans ces difformités, les différentes parties du bassin, aussi bien que les surfaces articulaires luxées, offrent constamment des altérations de forme, de dimension et de texture, qu'il a cherché à ramener à des types déterminés. Toutefois, M. Sédillot

---

nous laissons la responsabilité à l'auteur, nous répondrons par les trois faits suivans :

1° Le mémoire de M. Sédillot se trouve imprimé en entier, depuis deux ans, dans un journal de médecine, l'EXPÉRIENCE, années 1838, tom. II, pag. 561, et 1839, tom. III, pag. 2 et 16 ; tout le monde peut donc être rassuré sur le sort de ce mémoire.

2° Nous n'avons rien publié jusqu'ici sur l'anatomie pathologique des luxations congénitales ; le présent mémoire est notre première publication sur ce sujet. La réclamation de M. Sédillot était donc au moins prématurée.

3° Dans notre revue des travaux de 1839 (GAZ. MÉD., 1840, p. 3), nous écrivions les lignes qui suivent sur le mémoire de M. Sédillot : « Contrairement à ce que Dupuytren avait établi sur le défaut d'influence des luxations congénitales sur la conformation du bassin, M. Sédillot a parfaitement démontré et a démontré le premier d'une manière précise que, dans ces difformités, les différentes parties du bassin, aussi bien que les surfaces articulaires luxées, offrent constamment des altérations de texture, de forme et de dimension qu'il a cherché à ramener à des types déterminés. » — A cette époque, l'auteur eut la bonté de nous dire, en venant nous remercier : *qu'il n'aurait pas su caractériser ses recherches aussi bien que nous l'avions fait.* Pour prouver à M. Sédillot que notre opinion sur ses travaux n'a pas changé, nous l'avons reproduite textuellement dans le compte-rendu de notre conférence. Nous aurions été heureux que M. Sédillot eût conservé un souvenir aussi fidèle de notre justice, que nous avons été fidèle à en conserver l'expression.

n'a pas épuisé ce champ de recherches; de plus, il n'a fait presque toujours que constater empiriquement, et dans leur constitution matérielle, les altérations dont il s'agit, sans se préoccuper, ni de leurs relations d'ensemble, ni des causes mécaniques immédiates qui les produisent. Cependant la science véritable ne se contente pas d'observations particulières, quelque exactes qu'elles soient; elle réclame surtout des faits généraux qui montrent la liaison des faits particuliers, leur mode de production, et la relation qu'ils ont avec le fait principal dont ils émanent. Or, tels ne sont pas absolument les caractères des recherches de M. Sédillot, ni de ceux qui l'ont suivi jusqu'à ce jour.

Nous allons vous faire connaître les résultats les plus généraux des recherches auxquelles nous nous sommes livré, dans le but de combler cette lacune.

Pour avoir une idée exacte de l'ensemble des altérations (changemens de forme, de direction et de dimension) que présentent le bassin et les différentes parties qui le constituent, à la suite des luxations congénitales du fémur, il faut savoir les rapporter immédiatement aux causes les plus générales qui les dominent, et aux effets les plus généraux de ces causes, dans lesquels se résolvent la plupart des altérations partielles précédemment indiquées par les auteurs. Or, les causes immédiates et mécaniques des déformations consécutives du bassin ne sont et ne peuvent être que l'action mécanique des muscles rétractés, la contraction physiologique consécutive des muscles déplacés, combinées avec l'action verticale de la pesanteur. En mettant ces trois ordres de causes incessamment en présence des déformations multiples offertes par les différentes pièces du bassin, il est facile de rapporter ces altérations à certaines déformations générales, exprimant comme la résultante d'action de ces causes combinées. Or, ces déformations générales sont les suivantes :

1° Dans les cas de luxation d'un seul fémur en haut et en dehors, tout le demi-bassin correspondant a subi un tiraillement d'avant en arrière, de bas en haut et de dedans en dehors, en vertu duquel toutes les parties composantes de ce demi-bassin sont situées, par rapport aux parties correspondantes du côté opposé, dans des plans supérieurs et postérieurs.

2° Indépendamment de ce transport du demi-bassin en haut, en arrière et en dehors, il offre encore un autre déplacement et une autre déformation de totalité qui consistent dans un certain degré d'aplatissement suivant la direction du diamètre oblique ; d'où résulte un redressement de la portion de courbe du détroit supérieur, comprise entre le pubis et les dernières limites de l'éminence ilio-pectinée , et un refoulement avec redressement partiel en avant de la branche horizontale du pubis du côté sain ; ce qui transporte le pubis en totalité au delà de la ligne médiane de ce côté.

3° Tout le demi-bassin correspondant à la luxation a subi un double mouvement, concentrique en haut et excentrique en bas, en vertu duquel l'aîle de l'os iliaque est devenue plus verticale en se portant en dedans, tandis que l'ischion et sa branche ascendante tendent à être portés en avant, en haut et en dehors.

4° Les demi-détroits supérieur et inférieur du bassin, correspondans au côté luxé, offrent des changemens de forme et de dimension résultant des altérations générales qui précèdent ; c'est-à-dire que le demi-détroit supérieur est déprimé dans le sens latéral, refoulé en haut et en arrière, tandis que le demi-détroit inférieur se trouve évasé, élargi dans le même sens, et attiré en dehors, en haut et en avant.

5° Le bassin est élevé en totalité du côté luxé.

Comme conséquences de ces dispositions générales, les différentes parties constituantes du bassin, examinées analytiquement de haut en bas, offrent à considérer les particularités suivantes : l'ilium du côté luxé est déprimé et recourbé latéralement contre la surface correspondante du sacrum, et refoulé en arrière avec cette même surface ; il tend à devenir vertical. L'épine iliaque antéro-supérieure est sensiblement reportée en dedans et en arrière ; la branche horizontale du pubis est beaucoup plus longue, plus mince, et dirigée plus obliquement en haut et en arrière que celle du côté opposé, dont l'extrémité pubienne est saillante en avant ; elle présente à sa jonction avec l'épine iliaque antéro-inférieure, en arrière et en dehors de l'éminence ilio-pectinée, une forte dépression en forme de gouttière, correspondant au point où se réfléchissent les tendons réunis des psoas et iliaque. Le corps du pubis est aminci et plus court dans le sens vertical.

L'ischion est recourbé d'arrière en avant et de bas en haut, de manière à présenter sa tubérosité dans un plan beaucoup plus antérieur et externe que celle du côté opposé. Il résulte de cette double disposition du refoulement en arrière de la branche horizontale du pubis et de la projection en avant et en dehors de la tubérosité de l'ischion, que la circonférence ovalaire du trou sous-pubien présente, suivant son plan, une courbure à concavité externe et antérieure. De plus, le trou sous-pubien est allongé transversalement et rétréci de haut en bas, de manière à présenter son plus grand diamètre presque dans le sens transversal. Enfin, la branche ischio-pubienne est amincie et allongée dans la proportion du déplacement des parties précédentes. Elle est en outre plus horizontale, et il en résulte un agrandissement de l'ouverture de l'arcade pubienne.

En outre de ces changemens de forme et de direction, toutes les parties constituantes du demi-bassin correspondant au côté luxé, sont frappées d'un arrêt de développement, en vertu duquel, toutes choses égales d'ailleurs, les ouvertures qu'elles concourent à former et les dimensions qu'elles présentent sont moindres que celles du côté opposé. Ainsi, les diamètres des demi-détroits et la hauteur du bassin, de ce côté, ont subi une réduction sensible.

Nous n'avons considéré jusqu'ici les déformations consécutives des différentes pièces du bassin que dans les cas de luxations fémoro-iliaques d'un seul côté. Lorsque la luxation est double, on rencontre, dans les deux moitiés du bassin, presque tous les changemens de forme, de direction et de dimension, bornés à un seul quand la luxation est simple. Dans ce cas, le bassin est symétriquement déformé; les deux ailes iliaques sont également refoulées en dedans, en haut et en arrière; le détroit supérieur est rétréci transversalement et augmente d'avant en arrière; le sacrum est resserré et légèrement courbé, suivant sa face transversale, comme il l'est dans une de ses moitiés seulement dans les cas de luxation simple. Le pubis est saillant, mais diminué de hauteur dans ses deux moitiés; ses deux branches horizontales sont de longueur égale, mais souvent d'un tiers ou d'un quart plus longues qu'à l'état normal. Les trous ovalaires sont également rétrécis dans le sens vertical, et élargis dans le sens transversal. Les deux ischions sont saillans en dehors et en avant, d'où résulte une ampliation régulière du détroit inférieur. La gouttière, qui, dans les cas de luxations simples, existe d'un seul côté à la base de l'épine iliaque antéro-inférieure pour le glissement des tendons réfléchis des psoas et iliaque, se rencontre des deux côtés. Elle est d'autant plus marquée et plus profonde que la branche horizontale du pubis du même côté est plus longue, et celle-ci est d'autant plus longue que la tête luxée est portée plus loin en haut et en arrière de la cavité normale. En résumé, les mêmes déformations se répètent de chaque côté, et elles sont d'autant plus prononcées que le déplacement du fémur est plus considérable; d'où l'on peut déjà conclure que les causes de ces déformations sont directement liées à la luxation, que ces causes sont les mêmes de chaque côté, et que leur degré d'action est subordonné à l'étendue, mais aussi à l'ancienneté de la difformité.

Or, quelles sont ces causes? Nous avons dit que ces causes consistent dans l'arrêt de développement consécutif des muscles rétractés, dans la contraction physiologique des muscles déplacés, et finalement dans l'action verticale de la pesanteur, et surtout dans l'association et la combinaison d'action de ces trois causes réunies. Il est impossible, en effet, de séparer l'un de l'autre ces trois ordres d'influences, qui agissent toujours simultanément; aussi est-ce moins dans la direction d'action isolée de chacune d'elles que dans leur résultante commune, qu'il faut chercher la raison des altérations générales de forme, de dimension et de direction des différentes parties du bassin. Toutefois faisons remarquer que, malgré la connexion d'action des trois causes indiquées, connexion qui est si bien représentée par les modifications de totalité auxquelles nous avons rapporté toutes les altérations particulières, faisons remarquer, dis-je, que, malgré cette connexion, il est possible de rapporter, jusqu'à un certain point, les effets particuliers de chaque cause à son mode et à son degré d'action propre. C'est ce qui ressortira de l'analyse à laquelle nous allons nous livrer.

Le premier fait qui résulte du transport en haut et en arrière de la tête du fémur, c'est le déplacement, le changement de direction et de rapports de tous les muscles pelvi-trochantériens, entraînés avec l'extrémité fémorale loin de leurs points d'insertion au bassin : ce sont les psoas et iliaque, le pectiné, le carré crural, les obturateurs et les jumeaux. A part l'action propre de chacun d'eux, on peut dire que tous concourent à un même résultat général, à savoir, le tiraillement et le soulèvement dans la direction de l'extrémité fémorale à laquelle ils s'insèrent, de toute la partie inférieure et antérieure du bassin ; de là le soulèvement et la courbure, à concavité antérieure et externe, de l'ischion ; de là la diminution du diamètre transversal du trou sous-pubien ; de là l'allongement et la direction plus horizontale de la branche ischio-pubienne, et la réduction du pubis en hauteur ; de là le soulèvement, le tiraillement en haut et en dehors de toute cette portion du bassin, et l'évasement consécutif de la portion correspondante du détroit inférieur et la réduction de la portion correspondante du détroit supérieur. J'ai dit qu'au milieu de cet ensemble d'altérations, on pouvait attribuer à chaque muscle la somme d'action qui lui appartient. Le carré crural et les jumeaux entraînent l'ischion en haut et en dehors ; l'obturateur interne repousse en avant et en dehors la même tubérosité, en marquant son passage sur la petite échancrure sciatique par une dépression plus profonde qu'à l'état normal, tandis que l'obturateur externe déprime la partie antérieure et externe du corps de l'ischion, sur laquelle il s'applique, et concourt, en la retenant en arrière, à la courbure qu'il présente par suite du soulèvement de la tubérosité par le carré crural et les jumeaux. Les psoas et iliaque, en se réfléchissant contre la base de l'épine iliaque antéro-inférieure, dépriment, creusent le point contre lequel ils pressent, et allongent d'autant l'espace compris entre ce point et le corps du pubis. Enfin, l'iliaque, par sa tension continue, combinée avec le relâchement du grand et du moyen fessiers, peut être considéré comme un des élémens du redressement de l'aile correspondante du bassin.

Mais vous allez voir que l'action de ces muscles, considérée isolément d'abord, eu égard à leur déplacement mécanique, est bien autrement énergique dans les effets mêmes qu'on peut leur attribuer séparément, quand elle est complétée par l'action verticale de la pesanteur et la contraction physiologique.

Et d'abord, la première somme de traction qu'exercent les muscles rétractés par l'extrémité fémorale luxée est subordonnée au premier degré de ce déplacement, c'est-à-dire à celui qui résulte de la rétraction primitive et de l'arrêt de développement consécutif des muscles rétractés. Mais une fois la luxation produite, le poids du corps tend sans cesse à faire glisser le bassin de haut en bas sur la tête du fémur, et à refouler celle-ci de la même quantité en haut et en dehors. Ce résultat ne peut être produit qu'à la condition d'un tiraillement exercé sur les muscles carré crural, jumeaux, obturateurs interne et externe ; car ce sont ces muscles avec le petit fessier qui retiennent le fémur ; les efforts qu'ils font dans ce but retentissent donc sur leurs points d'insertion au bassin. Mais en même temps que ces muscles tirent sur l'ischion et les parties environnantes du bassin, ils retiennent la tête du fémur fortement appliquée contre la paroi externe de l'os iliaque. Celle-ci, pressée, suivant la résultante de l'action oblique des muscles dont nous venons de parler et de l'action verticale de la pesanteur, cède dans la direction de cette résultante, c'est-à-dire se redresse, tend à devenir verticale et à se reporter en arrière. Dans les cas de luxation d'un seul côté, l'inclinaison latérale du bassin favorise encore ce résultat en présentant la face externe de l'os iliaque, suivant une direction plus oblique, à la pression de la tête du fémur. C'est en grande partie de cette disposition que dépend la dépression de totalité du demi-bassin suivant son diamètre oblique. Enfin, dans les luxations d'un seul ou des deux côtés, l'action verticale de la pesanteur a surtout pour résultat général de reporter les parties latérales du bassin obliquement en haut et en arrière, suivant la direction oblique même que garde le sujet pendant la station.

Enfin, la contraction physiologique des muscles déplacés, en ajoutant incessamment ses tractions aux tractions dont ces muscles sont le siége par suite de leur déplacement, concourt, pour une part proportionnelle, aux déformations qu'ils effectuent. Faisons remarquer néanmoins que la contraction physiologique des muscles différemment associés dans les mouvemens, pouvant porter ses efforts dans plusieurs directions par suite de ces associations différentes, exerce des effets corrélatifs à cette variation de directions ; ce qui ne permet pas de regarder les effets de la contraction physiologique absolument comme une simple addition aux efforts de traction des muscles tendus par leur déplacement. Cela est si vrai que plusieurs muscles changés de direction et de rapports seulement, mais relâchés au repos de l'articulation, subissent, pendant certains mouvemens physiologiques, des tractions qui retentissent d'autant sur leurs points d'insertion. Tels sont les adducteurs de la cuisse, pendant les mouvemens d'abduction et de flexion de la cuisse sur le bassin.

Quant à la cause de la réduction en tous sens, de l'arrêt de développement et de l'atrophie des parties du squelette qui sont le siége médiat ou immédiat de la difformité, on peut la trouver, ainsi que nous l'avons établi pour toutes les difformités, dans une diminution de l'inervation, et dans la réduction du calibre des vaisseaux, laquelle résulte de leur changement de direction, de leur gêne, et des autres obstacles apportés à la circulation, le tout se résolvant dans une nutrition moindre et incomplète.

Quoi qu'il en soit de toutes ces déformations consécutives et de leur mécanisme de production, elles exercent dans certaines limites une influence réelle sur la curabilité de ces luxations. C'est à ce titre et sous ce point de vue seulement que nous avons dû les rappeler; car nous n'avons pas la prétention de les avoir indiquées toutes, et d'en avoir fait une histoire générale et détaillée. L'influence de ces altérations au point de vue qui nous occupe peut être considérée de deux manières : comme réalisant des conditions qui altèrent celles de la fixité et de la solidité des articulations normales, et comme constituant par leur nombre une difformité consécutive, qui, en supposant la réduction possible et permanente, persistera nécessairement après cette réduction.

Sous le premier rapport, il n'est pas douteux que les déformations consécutives du bassin, par exemple, ont pour effet de changer jusqu'à un certain point les plans suivant lesquels les surfaces articulaires se rencontrent, et les directions suivant lesquelles les muscles meuvent ces surfaces. Or, la nature a si bien calculé le rapport des surfaces articulaires entre elles, de leur direction avec l'action des muscles et des efforts qu'ils doivent supporter, que la plus petite altération de ces rapports devient une condition qui diminue la solidité des articulations, et les prédispose à de nouveaux déplacemens. Cette remarque, dont personne ne contestera la justesse, soulève une foule de problèmes intéressans, mais dont le nombre, la variété et l'inextricable complication sont tels, que nous sommes obligés de nous en tenir à cette simple indication.

Sous le second rapport, il n'est pas moins certain que les déformations consécutives aux luxations constituent, après la réduction, un état anormal permanent, contre lequel la réduction ne peut rien directement. Telle est la déformation de la moitié du bassin, correspondant à la luxation d'un seul fémur, qui persiste après la réduction de la luxation, et peut constituer un élément de claudication, une étrangeté dans la marche, capable d'en imposer sur la réalité de la réduction. Il n'en est pas de même de l'élévation en totalité du bassin du côté luxé. Nous avons montré que cette élévation, qui existe constamment, est le résultat du transport en arrière, dans la fosse iliaque, de l'extrémité inférieure du psoas. La réduction, en rétablissant les rapports de situation et de longueur de ce muscle avec celui du côté opposé, a pour effet de rétablir l'horizontalité du bassin. Il faut donc distinguer entre les déformations consécutives celles qui persistent après le rétablissement des surfaces articulaires dans leurs rapports normaux, et celles qui cessent par le seul fait de ce rétablissement.

Telles sont les diverses conditions anatomiques qui peuvent, ou favoriser ou rendre difficile, ou empêcher la réduction des luxations congénitales. En résumé, la conséquence la plus générale qu'on peut tirer, sous ce point de vue, de l'examen détaillé que nous venons de faire de ces altérations, c'est que les luxations congénitales sont réductibles dans de certaines conditions; que leur degré de réductibilité diminue avec le degré et l'ancienneté de la difformité; qu'elles cessent d'être tout à fait réductibles lorsqu'elles sont très anciennes, et principalement lorsqu'elles sont accompagnées de cavités articulaires de nouvelle formation ; que la permanence de la réduction est soumise, au degré près, aux mêmes conditions que la réductibilité elle-même.

CHAPITRE II.

INDICATION DES MOYENS PROPRES A PRÉPARER, EFFECTUER, CONSOLIDER ET SUPPLÉER LA RÉDUCTION DES LUXATIONS CONGÉNITALES.

Nous avons déjà fait ressortir des considérations auxquelles nous venons de nous livrer les principales indications du traitement des luxations congénitales ; car la thérapeutique rationnelle que nous avons cherché à introduire dans le traitement des difformités n'est, à nos yeux, comme nous vous l'avons dit plusieurs fois, que l'étiologie retournée. Nous avons donc dû, en vous faisant l'histoire de la cause essentielle et des causes auxiliaires des luxations congénitales, faire pressentir parallèlement les moyens propres à neutraliser chacun de ces élémens étiologiques.

Ces moyens, que nous allons maintenant vous indiquer d'une manière plus explicite, doivent nécessairement varier dans leur application suivant le siége, le sens et le degré des déplacemens articulaires, c'est-à-dire, doivent être appropriés à l'articulation luxée, au mode de distribution et de combinaison et au degré de la rétraction musculaire primitive et consécutive, et aux modifications matérielles dépendant de cette cause et des causes auxiliaires. Leur description détaillée appartient donc à l'histoire particulière des différentes luxations. Or, comme je ne me suis proposé dans ces conférences qu'une histoire générale des luxations congénitales, je me contenterai de vous énumérer ici les moyens propres à remplir les principales indications thérapeutiques qui sont communes à toutes ces difformités.

Ces moyens comprennent :

1° L'*extension préparatoire* et continue des muscles, destinée à allonger, autant que possible, les muscles atteints de raccourcissement actif et passif, et à faire saillir les cordes musculaires, en portant à ses limites extrêmes l'élongation de leurs fibres, en même temps qu'elle tend à diminuer la difformité de toute la quantité résultant de l'action des causes consécutives et complémentaires, comme la pesanteur.

2° La *section sous-cutanée des muscles* que l'extension mécanique n'a pas suffisamment allongés.

3° L'*extension continue des ligamens* activement ou passivement raccourcis, et même, si l'extension ne suffit pas, leur section sous-cutanée.

4° Les *manœuvres*, destinées à *effectuer* la réduction.

5° Le *traitement consécutif*, destiné à *consolider* la réduction, et consistant d'abord dans l'application d'appareils propres à maintenir l'allongement des muscles dont on n'a pas fait la section, à tenir écartés les bouts des muscles et des ligamens divisés, et à maintenir en rapport les surfaces articulaires réduites ; ensuite, dans l'exécution graduée de mouvemens propres à compléter la coaptation de ces surfaces, et à rétablir peu à peu les mouvemens physiologiques de l'articulation.

Tels sont les divers moyens que la connaissance exacte de toutes les circonstances relatives à l'histoire des luxations congénitales conduit à employer, dans le but de préparer, d'effectuer et de consolider leur réduction. Cette réduction était le seul but que l'art s'était proposé jusqu'ici, et l'on abandonnait à elles-mêmes les luxations qu'on jugeait irréductibles. Mais j'ai pensé que, dans les cas où ce but n'est pas possible à atteindre, l'art pouvait encore créer des ressources d'un nouvel ordre, en suppléant, jusqu'à un certain point, les conditions normales des articulations, c'est-à-dire en fixant l'extrémité luxée sur le point le plus rapproché possible de la cavité articulaire, et en provoquant dans ce point la formation d'une cavité nouvelle, capable de maintenir la tête déplacée et de lui permettre d'exécuter, dans un point circonscrit, un système de mouvemens analogues aux mouvemens physiologiques.

Les moyens auxquels j'ai recours dans cette vue reposent sur la connaissance des procédés qu'emploie la nature dans le même but et n'en sont qu'une imitation. J'ai montré que la condition essentielle de la formation des cavités artificielles est la perforation de la capsule articulaire et la mise en contact de l'extrémité luxée avec une surface osseuse, et que la condition du maintien de ces rapports anormaux est l'adhérence intime des bords de la déchirure avec le pourtour de la cavité nouvelle. Eh bien! il m'a paru que l'art pouvait réaliser en tous points les conditions qui président à la formation spontanée des articulations artificielles. A cet effet, je commence par pratiquer sous la peau, et dans le point correspondant à celui où il importe de fixer l'extrémité luxée, des scarifications de la capsule, jusqu'à l'os auquel elle adhère. Par ce moyen, l'extrémité luxée arrive facilement à se mettre en contact immédiat avec la surface osseuse sur laquelle elle repose. Il se fait sur ce point un commencement de travail d'organisation résultant de l'adhésion et de la fusion des points scarifiés et perforés de la capsule avec les points correspondans de cette surface. Ainsi se trouvent déjà réalisées les premières conditions nécessaires à la formation de l'articulation nouvelle. Ensuite, pour circonscrire et emprisonner l'extrémité luxée, dans ce lieu d'élection, je pratique tout à l'entour des scarifications profondes, qui ont pour effet d'exciter le même travail d'organisation et l'établissement d'adhérences fibro-celluleuses entre les bords incisés de la capsule et la surface osseuse contiguë.

Enfin, dès qu'on juge les adhérences fibro-celluleuses assez solides pour résister aux mouvemens de l'articulation nouvelle, on provoque peu à peu le développement de la cavité destinée à embrasser l'extrémité luxée par les moyens qu'emploie la nature elle-même dans des circonstances analogues, c'est-à-dire par des mouvemens circonscrits et fréquens de cette articulation.

Je ne m'étendrai pas ici sur toutes les circonstances anatomiques et physiologiques propres à l'accomplissement de ce nouveau résultat thérapeutique. Je me propose de présenter tous ces détails dans un travail spécial, et je me borne à dire que déjà l'expérience a réalisé en grande partie, dans deux cas de luxation du fémur, et dans un cas de luxation de la clavicule, toutes les prévisions de la théorie.

FIN.

9 782019 267445